Mitarbeitergespräche in Steuerkanzleien

Thomas Siegel

Mitarbeitergespräche in Steuerkanzleien

Erfolgreich kommunizieren und motivieren

 Springer Gabler

Thomas Siegel
Steuerkanzlei Dr. Siegel
Zorneding, Deutschland

ISBN 978-3-658-21874-4   ISBN 978-3-658-21875-1   (eBook)
https://doi.org/10.1007/978-3-658-21875-1

Die Deutsche Nationalbibliothek verzeichnet diese Publikation in der Deutschen Nationalbibliografie; detaillierte bibliografische Daten sind im Internet über http://dnb.d-nb.de abrufbar.

Springer Gabler
© Springer Fachmedien Wiesbaden GmbH, ein Teil von Springer Nature 2018

Gedruckt auf säurefreiem und chlorfrei gebleichtem Papier

Springer Gabler ist ein Imprint der eingetragenen Gesellschaft Springer Fachmedien Wiesbaden GmbH und ist ein Teil von Springer Nature
Die Anschrift der Gesellschaft ist: Abraham-Lincoln-Str. 46, 65189 Wiesbaden, Germany

Vorwort

Als Kanzleiinhaber sollte das Führen von formellen und informellen Mitarbeitergesprächen zu den täglichen Aufgaben gehören – leider ist dies nicht immer der Fall. Der regelmäßige Austausch zwischen Ihnen und Ihrem Team ist für eine vertrauensvolle Zusammenarbeit und den Erfolg Ihrer Kanzlei von wesentlicher Bedeutung, doch nicht immer gestalten sich diese Unterredungen ganz einfach. In diesem Buch finden Sie praxiserprobte Techniken, mithilfe derer Sie nicht nur alle speziellen Gesprächssituationen meistern, sondern auch die Betriebsatmosphäre verbessern und den Erfolg Ihrer Kanzlei steigern können.

Gesprächsanlässe gibt es im Laufe eines Jahres viele: Neben den formellen Gesprächen findet in meiner Kanzlei beispielsweise jeden Dienstagmorgen eine Mitarbeiterbesprechung mit dem gesamten Team statt, in der alle wichtigen Belange der Woche erörtert und erklärt werden. Nach Erledigung von großen Steuererklärungen oder Jahresabschlüssen finden projektbezogene Unterredungen, sogenannte *Debriefings*, statt. Hierbei handelt es sich um eine ursprünglich für die Luftfahrt entwickelte Gesprächsform, die in Kap. 6 des vorliegenden Werks erläutert wird. Übrigens ist für das Verständnis eines Kapitels nicht zwingend notwendig, alle vorherigen Kapitel gelesen zu haben, sodass Sie dieses Buch auch als Nachschlagewerk nutzen können.

Der erste Teil stellt Ihnen die allgemeine Problemstellung, die Grundlagen der Kommunikationspsychologie sowie das Elementarwissen der Gesprächsführung vor. Der zweite Teil behandelt die verschiedenen spezifischen Gesprächsformen vom Bewerbergespräch bis zum Teammeeting und gibt Ihnen eine Vielzahl von Methoden zur Hand, mithilfe derer Sie diese Gesprächssituationen mit Leichtigkeit meistern. Im dritten Teil widme ich mich den speziellen Themenbereichen der Wertschätzung und Motivation und lege dar, wie Sie die Mitarbeitermotivation durch ein holistisches, leistungsbezogenes Vergütungssystem als flankierende Maßnahme unterstützen können.

Meine zentrale Erkenntnis als Autor zieht sich hierbei wie ein roter Faden durch das Buch: Empathie, aktives Zuhören sowie ein team- und mitarbeiterorientierter Führungs- und Kommunikationsstil sind unverzichtbare Kompetenzen im Rahmen einer zukunftsorientierten Ausrichtung einer Kanzlei. Die Fähigkeit, sich für andere Menschen zu interessieren, halte ich nach meiner persönlichen Erfahrung bis zu einem bestimmten Grad für erlern- und trainierbar. Eine ehrliche und umfassende Bestandsaufnahme der eigenen interpersonellen Kompetenzen ist der erste, essenzielle Schritt in die Neuausrichtung der eigenen Kanzlei. Wer in diesem Bereich nicht seine persönliche Stärke sieht, sollte sein Team entsprechend diversifizieren und sich diese notwendigen Kompetenzen – beispielsweise durch Implementierung einer Kanzleileitung – zusätzlich ins Team holen.

Zuletzt erfolgt noch ein technischer Hinweis: Mit den Begriffen „Kanzleiinhaber" oder „Mitarbeiter" sind selbstverständlich stets beide Geschlechter gemeint, nur zur Vermeidung von Redundanzen und um einer sprachlichen Flüssigkeit willen wird hier auf die geschlechterspezifischen Wortformen verzichtet.

Jeder Mensch ist ein faszinierender Kosmos, den es zu entdecken gilt. Empathie, aktives Zuhören, Mitarbeiter- und Teamorientierung sowie souverän geführte Mitarbeitergespräche zahlen sich aus, daher: Bleiben Sie mit Ihren Mitarbeitern (ständig) im Gespräch!

Viel Vergnügen beim Lesen.

Zorneding   Thomas Siegel
2018

Inhaltsverzeichnis

Teil I   Einleitung in das Thema

1   Warum Mitarbeitergespräche so wichtig sind:
Einführung und Problemstellung 3
  1.1   Der Beruf des Steuerberaters im Wandel................. 3
  1.2   Besondere Anforderungen an die Mitarbeiter
        einer Steuerkanzlei................................... 4
  1.3   Die richtige Personalauswahl ist das Fundament........... 6
  1.4   Ziele von Mitarbeitergesprächen....................... 7
  1.5   Bleiben Sie im Gespräch! 8
  1.6   Über den Umgang mit Hierarchien und
        wie man sie flach hält................................ 10
  1.7   Warum Zeit und Raum eine Rolle spielen................ 14
  1.8   Zwischenfazit....................................... 15
  Literatur.. 15

2   Einführung in die Kommunikationspsychologie 17
  2.1   Das Selbstverständnis des Kanzleiinhabers............... 17
  2.2   Situationsgerechtes Führen und Kommunizieren 19
  2.3   Die mitarbeiterorientierte Gesprächsführung 21
  2.4   Keine Angst vor Emotionen............................ 25
  2.5   Vertrauen lohnt sich! 28
  2.6   Zwischenfazit....................................... 30
  Literatur.. 31

3   Grundlagen der Gesprächsführung 33
3.1   Gesprächsvorbereitung und Festlegung
       des Gesprächsziels.................................... 34
3.2   Gesprächsankündigung 35
3.3   Die Eröffnung des Gesprächs 36
3.4   Die Durchführung des Gesprächs 37
3.5   Nachbereitung des Gesprächs 38
3.6   Allgemeine und spezielle Gesprächstechniken 38
       3.6.1   Allgemeine Gesprächstechnik:
                Aktives Zuhören.............................. 39
       3.6.2   Allgemeine Gesprächstechnik:
                Überzeugend argumentieren 40
       3.6.3   Allgemeine Gesprächstechnik:
                Die Fragetechnik 40
       3.6.4   Besondere Gesprächstechnik:
                Eine negative Grundstimmung beseitigen 41
       3.6.5   Besondere Gesprächstechnik: Selbstkundgabe 42
3.7   Zwischenfazit...................................... 43
Literatur... 44

**4   Besondere Herausforderungen für die
      Kommunikation in Steuerkanzleien** 45
4.1   Externe und interne Kommunikation................... 45
4.2   Verschiedene Gesprächsstile in Steuerkanzleien........... 46
4.3   Gemeinsame Zielvereinbarungen in
       non-direktiven Gesprächen 48
4.4   Strategien der Konfliktvermeidung 49
       4.4.1   Problem: Konkurrenzdenken um die
                höchsten Umsätze 50
       4.4.2   Problem: toxisches Verhalten wird belohnt 50
       4.4.3   Problem: die Mitarbeiter sind sich
                selbst überlassen........................... 51
       4.4.4   Problem: Frustration 51
4.5   Zwischenfazit...................................... 52
Literatur... 52

Teil II Spezielle Mitarbeitergespräche

5 Gespräche im Rahmen der Personalauswahl................... 55
5.1 Das Bewerbungsgespräch 55
5.2 Die Bedeutung der Firmenwebsite und
von Facebook für Bewerbungen 57
5.3 Wie Sie neue Mitarbeiter einführen..................... 58
5.4 Das Kritikgespräch.................................. 60
5.5 Das Konfliktgespräch................................ 61
5.6 Das Kündigungsgespräch............................. 63
5.7 Das Austrittsgespräch................................ 65
5.8 Zwischenfazit...................................... 66

6 Motivations- und Feedbackgespräche........................ 67
6.1 Das Motivationsgespräch............................. 68
6.2 Allgemeine Überlegungen zum Feedbackgespräch –
konstruktiv Feedback geben........................... 69
6.3 Das Feedbackgespräch............................... 73
6.4 Das 360-Grad-Feedback 74
6.5 Das Fördergespräch 76
6.6 Das Gehaltsgespräch 77
6.7 Zwischenfazit...................................... 78

7 Das Mitarbeiterjahresgespräch............................. 79
7.1 Grundsätzliches zu Beurteilungsgesprächen 79
7.2 Vorbereitung des Mitarbeiterjahresgesprächs 81
7.3 Vorbereitung der Mitarbeiter auf das Gespräch............. 84
7.4 Ziele des Mitarbeiterjahresgesprächs.................... 84
7.5 Ablauf des Gesprächs 85
7.6 Der Gesprächseinstieg 87
7.7 Die Tonalität des Gesprächs........................... 89
7.8 Die Nachbereitung des Gesprächs...................... 89
7.9 Schlussüberlegungen 91
7.10 Zwischenfazit...................................... 92
Literatur.. 92

8 Teammeetings – Mitarbeitergespräche im Team................ 93
8.1 Bestandsaufnahme: Worin liegt das Problem?.............. 93
8.2 Vorbereitung der Besprechung......................... 94
8.3 Ablauf der Teamsitzung.............................. 95

8.4 Fallbeispiel: Kick-off-Meeting Digitalisierung 97
8.5 Exkurs: Übersicht eines Projektplans zur
Umsetzung der Digitalisierung 98
8.6 Mit Motivation im Kick-off-Meeting zum Projekterfolg. 99
8.7 Zwischenfazit. 101
Literatur. 102

Teil III Motivation, Kommunikation und Vergütung

9 Wertschätzung, Motivation und Kommunikation 105
9.1 Sinnhaftigkeit der Aufgaben 105
9.2 Teamorientierung 106
9.3 Der Faktor Wertschätzung 107
9.4 Wie Motivation entsteht. 110
9.5 Exkurs: motivorientierte Führung 112
9.6 Wie Sie den Zusammenhalt und die
Motivation in Ihrer Kanzlei fördern. 113
9.7 Zwischenfazit. 116
Literatur. 116

10 Aufbau eines nachhaltigen Vergütungssystems 117
10.1 Die Ausgangslage. 117
10.2 Bedeutung des Grundgehalts 118
10.3 Problemfeld Umsatzbeteiligung. 118
10.4 Ausgangspunkt Festgehalt 119
10.5 Die Kombination von fester und variabler Vergütung 119
10.6 Kommunikation des neuen Vergütungsmodells. 121
10.7 Das Vier-Augen-Prinzip. 121
10.8 Bewertungskriterien. 122
10.9 Gewichtung 128
10.10 Exkurs: Fallbeispiel: Drei Kanzlei-Mitarbeiter 129
10.11 Berechnung der Verteilung des „Gewinntopfs". 134
10.12 Implementierung des Vergütungssystems 134
10.13 Rechtliche Hinweise 135
10.14 Zwischenfazit. 136

11 Fazit und Ausblick. 137

Über den Autor

Prof. Dr. Thomas Siegel wurde 1965 in München geboren. Nach seiner Schulausbildung, die er im Jahr 1983 an der Fachoberschule in Wasserburg am Inn mit der Fachhochschulreife abschloss, nahm er sein Studium der Betriebswirtschaft mit Schwerpunkt Steuerlehre an der Fachhochschule München auf. Im Jahr 1988 schloss Thomas Siegel sein Studium als Diplom-Betriebswirt (FH) ab.

Nach mehrjähriger beruflicher Tätigkeit als Sachbearbeiter bei zwei Steuerberatern und Wirtschaftsprüfern legte Thomas Siegel im Jahr 1993 das Examen als Steuerberater ab und ließ sich in dem folgenden Jahr in Zorneding als selbstständiger Steuerberater nieder. Zwei Jahre später kaufte er die Steuerkanzlei seines Vaters Anton Siegel, die er seitdem als alleiniger Inhaber führt. Neben dem Fachberater für Internationales Steuerrecht hat er auch die Zusatzqualifikation Landwirtschaftliche Buchstelle erworben. Thomas Siegel beschäftigt derzeit knapp dreißig Mitarbeiter, davon fünf Berufsträger. Seine Kanzlei ist nicht spezialisiert.

Im Jahr 2011 promovierte er über den „Einfluss von Beratung von Existenzgründern in der Vor-Gründungsphase und Gründungsphase auf den Erfolg" und erhielt für seine Arbeit den Doktortitel *philosophiae doctor* (PhD). Im Jahr 2015 wurde

Dr. Thomas Siegel zum Professor für „Medien-
wissenschaft/BWL" an der Mediadesign Hoch-
schule Berlin im Studiengang Medienmanagement
berufen. Neben seiner Tätigkeit in der Lehre, als
Kanzleiinhaber, als Autor und selbstständiger Steuerberater engagiert sich Prof. Dr. Siegel in der
Gründungsberatung und hält hierzu Fachvorträge.
Der passionierte Familienmensch und Vater zweier
erwachsener Söhne liebt das Wandern, Radfahren
und die Berge und Natur in seiner malerischen Hei-
mat sowie anderswo.

Teil I
Einleitung in das Thema

Warum Mitarbeitergespräche so wichtig sind: Einführung und Problemstellung

1

Schon Sokrates riet: „Sprich, damit ich dich sehe!" Mithilfe von Worten teilen wir uns anderen mit und werden von unserem Gegenüber entsprechend neu erkannt. Leider gelingt das nicht immer. In jeder Kanzlei finden zwar täglich unzählige Gespräche statt, doch nicht immer verlaufen diese erfolgreich. Was bedeutet der Begriff „erfolgreich" in diesem Zusammenhang? Die betriebsinterne Kommunikation ist dann erfolgreich, wenn sie so gestaltet ist, dass sie eine gute Arbeitsatmosphäre unterstützt, die Mitarbeiter motiviert und die richtigen Inhalte verlustfrei an den jeweils korrekten Empfänger vermittelt. Aus meiner Sicht ist eine empathische, zielorientierte Kommunikation eine der wichtigsten Grundvoraussetzungen für den Kanzleierfolg.

Ist die betriebliche Kommunikation hingegen unzureichend, treten schnell Probleme, Missverständnisse oder Konflikte im Team und Schwierigkeiten in den Prozessen auf. Aufgrund der besonders hohen Anforderungen an die Mitarbeiter einer Steuerkanzlei verursachen Defizite dieser Art besonders schwerwiegende Folgen für das Unternehmen.

Dieses Kapitel verschafft Ihnen einen Überblick, warum eine positive betriebsinterne Kommunikation gerade für Steuerkanzleien so wertvoll ist, welche Ziele Sie hiermit erreichen können und welche wichtigen Grundprinzipien Sie hierfür kennen sollten.

1.1 Der Beruf des Steuerberaters im Wandel

Der Beruf des Steuerberaters durchläuft gegenwärtig einen dramatischen Umbruch, von dem die Berufsträger und die Kanzleimitarbeiter gleichermaßen betroffen sind. Die zu bearbeitenden Fälle gewinnen zunehmend an Komplexität, während die weniger fachlichen anspruchsvollen Sachverhalte immer häufiger

© Springer Fachmedien Wiesbaden GmbH, ein Teil von Springer Nature 2018   3
T. Siegel, *Mitarbeitergespräche in Steuerkanzleien*,
https://doi.org/10.1007/978-3-658-21875-1_1

wegfallen. Manch bisheriger Mandant erstellt seine Steuererklärung heute zu Hause selbst mithilfe einer Software oder nimmt einen externen Anbieter in Anspruch, der seine hoch automatisierte Leistung kostengünstiger anbieten kann. Selbst komplexe Buchhaltungsvorgänge und Lohnabrechnungen können heutzutage zunehmend durch Internet- und Softwarelösungen bewerkstelligt werden. Zusätzlich bewirken neue Gesetze, Urteile, Verordnungen und Richtlinien eine ständig wachsende Komplexität.

Doch vor allem stellt die Digitalisierung die Branche vor neue Herausforderungen. Der gesamte Beratungsprozess basiert auf einem Informationstransfer und dieser muss nun vollständig digitalisiert (Erfassung und Bearbeitung) werden, um die neuen digitalen Effizienzpotenziale nutzen zu können. Nicht nur die Behörden stellen bereits auf eine digitale Bearbeitung aller Daten um, sondern auch die Mandanten wollen ihre Daten immer häufiger digital abliefern und erhalten. Nur wer den Mandanten die passenden Lösungen zur Beherrschung der Informationsflut präsentieren kann, wird das Beratungspotenzial der Digitalisierung voll ausschöpfen können – vorausgesetzt, die Umstellung wird von der eigenen Belegschaft entsprechend unterstützt und vorangetrieben. Denn nur mit motivierten und gut informierten Mitarbeitern können die Standardprozesse effektiv und reibungslos abgewickelt und neue Aufgabenfelder erfolgreich bewältigt werden.

Die Mandanten und beteiligten Behörden erwarten von Ihrem Team nicht nur eine hohe fachliche Kompetenz, eine schnelle Erreichbarkeit und einen hohen technischen Standard, sondern auch hervorragende interpersonelle Fähigkeiten. Um diese Ziele zu erreichen, muss die betriebsinterne Kommunikation möglichst optimal, ohne Informationsverluste und für das gesamte Team auf eine motivierende Weise verlaufen. Dies gilt insbesondere für alle Gespräche. Vielen der oben genannten Probleme kann der Kanzleiinhaber begegnen, indem er sein Unternehmen neu ausrichtet und sich neue Aufgabenfelder wie beispielsweise das internationales Steuerrecht oder die Gründungsberatung sucht. Doch ein wirklich nachhaltiger Erfolg der eigenen Kanzlei lässt sich nur herstellen, wenn man die Mitarbeiter durch einen empathischen und offenen Führungs- und Kommunikationsstil an die Kanzlei zu binden vermag.

1.2   Besondere Anforderungen an die Mitarbeiter einer Steuerkanzlei

Im Vergleich zu anderen Berufsgruppen stehen die Mitarbeiter einer Steuerkanzlei stärker im Zentrum der Beratungstätigkeit. Auf ihnen lastet daher eine hohe Verantwortung, die sich aus der typischen Organisation der Beratungsprozesse in einer Steuerkanzlei ergibt.

Einige Aspekte dieser ausgeprägt hohen Verantwortung wären beispielsweise folgende:

1. Hohe Selbstständigkeit

Die Berufsträger übernehmen in der Beratung vorwiegend Leitungsaufgaben. In der Regel betreuen sie ausschließlich besonders anspruchsvolle Fälle, die eine profunde Fachexpertise und sehr viel Erfahrung erfordern. Der Hauptteil des gesamten Auftragsvolumens wird folglich durch die Mitarbeiter getragen. Um dieses hohe Maß an Selbstständigkeit leisten zu können, müssen die Mitarbeiter äußerst motiviert sein und sich mit den Unternehmenszielen stark identifizieren können.

2. Notwendigkeit von hohen fachlichen, interpersonellen und kommunikativen Fähigkeiten

Aufgrund der hohen Selbstständigkeit sind die Mitarbeiter aufgerufen, ihre fachlichen, interpersonellen und kommunikativen Fähigkeiten fortlaufend zu schärfen und weiter zu entwickeln. Eine unzureichende betriebsinterne Kommunikation würde sich auf diese Vorgaben und Ziele grundsätzlich kontraproduktiv auswirken.

3. Verantwortung für den Außenkontakt

Die Mitarbeiter von Steuerkanzleien verantworten in der Regel fast die gesamte Außenkommunikation – insbesondere gegenüber den Mandanten und Behörden. Daher besteht ständig die Gefahr, dass eventuell vorhandene Informationslücken, ein schlechtes Betriebsklima oder möglicherweise unerwünschte, aber in dem Betrieb übliche Kommunikationsweisen durch das Team nach außen weitergegeben werden.

Um dies zu vermeiden, ist es essentiell wichtig, dass die Kanzleileitung die aus ihrer Sicht richtigen Kommunikationsweisen tief in den Geschäftsalltag verankert, sodass diese täglich vorgelebt und geübt werden. (Näheres zur internen und externen Kommunikation erfahren Sie in Abschn. 4.1)

4. Gutes Personal ist schwer zu finden

Schon seit einiger Zeit herrscht im Personalbereich ein erbitterter Kampf um die besten Köpfe. Die Personalakquise ist in den letzten Jahren zu einer wahren Herausforderung geworden. Für viele Berufsanfänger wirkt die Aussicht auf eine Tätigkeit in einer Steuerkanzlei nicht unbedingt verlockend. Noch immer haftet dem Beruf das negative Image an, ein „trockenes Jonglieren mit Zahlen" zu sein, das wenig Raum für die eigene Kreativität bietet. Zusätzlich führt die allgemeine demografische Entwicklung zu einer Verknappung von geeigneten Bewerbern. Leider wird bei der Berufsauswahl häufig übersehen, dass diese Tätigkeit nicht nur eine langfristig sichere Perspektive, sondern auch viele Möglichkeiten zur zwischenmenschlichen Interaktion und einen Einblick in die unterschiedlichsten Berufswelten bietet.

Aufgrund der geringen Bewerberzahl sind heutige Steuerberater daher gezwungen, ihren Mitarbeitern mehr als ein gutes Gehalt zu bieten, um diese für die Aufgaben in einer Kanzlei zu gewinnen und langfristig binden zu können. Die durchschnittliche Verweildauer eines Mitarbeiters wird immer kürzer und liegt derzeit durchschnittlich bei knapp zwei Jahren. Einen Mitanteil an der hohen Fluktuation haben die konkurrierenden Anbieter, die immer aggressivere Methoden anwenden, um gutes Personal abzuwerben. Angesichts dieser für sie positiven Marktlage, erwarten neue Mitarbeiter heute neben einem modernen Arbeitsplatz mit eigenen Verantwortungsbereichen eine individuelle berufliche Förderung sowie ein angenehmes Betriebsklima.

Letzteres wird größtenteils durch eine positive, betriebsinterne Kommunikation sichergestellt. Wer diese Notwendigkeit aus mangelndem Interesse oder zu wenig Zeit vernachlässigt, läuft Gefahr, die Erfolgsmöglichkeiten des eigenen Unternehmens erheblich zu mindern. Eine gelungene Interaktion mit dem eigenen Team ist daher essenziell wichtig und diese findet vorwiegend über Mitarbeitergespräche statt.

1.3   Die richtige Personalauswahl ist das Fundament

Um eine gute Kommunikation in dem Unternehmen etablieren zu können, muss zuvor eine entsprechende Vorauswahl der passenden Mitarbeiter stattfinden. Dies bedeutet, dass die Kommunikationsfähigkeit und der Kommunikationswille ein entscheidendes Kriterium bei der Auswahl neuer Teammitglieder sein sollte und im Bewerbungsgespräch entsprechend abgefragt und überprüft werden muss.

Nach dem Eintritt in das Unternehmen sollten neben den fachlichen Fähigkeiten auch die interpersonellen und kommunikativen Fertigkeiten des Teams durch regelmäßige Weiterbildungen geschult und geschärft werden. Näheres über die Durchführung von Bewerbungsgesprächen finden Sie in Abschn. 5.1.

▶   **Praxistipp aus der Steuerkanzlei Dr. Siegel** Für unsere Kanzlei haben wir festgelegt, dass von allen Fortbildungen, an denen unsere (in Vollzeit tätigen) Mitarbeiter jährlich teilnehmen, jeweils drei Tage der Weiterbildung von fachlichen Kompetenzen dienen. Zwei weitere Tage entfallen auf die Schulung der prozessualen und ein Arbeitstag auf die Schulung der interpersonellen Kenntnisse. Diese Fortbildungen beinhalten nicht nur die Teilnahme an Veranstaltungen bei externen Anbietern, sondern es können auch Online- oder Videoangebote genutzt werden.

Nach der Teilnahme stellt der Mitarbeiter das Gelernte mit einem kurzen Vortrag während eines Teammeetings vor, bevor das Ergebnis in den beruflichen Alltag eingebunden wird.

1.4   Ziele von Mitarbeitergesprächen

Für Führungskräfte in Steuerkanzleien sind Mitarbeitergespräche ein unverzichtbares Führungsinstrument. Bei ihrer Umsetzung stehen sie ständig vor der Herausforderung, sich auf neue Personen und Situationen einstellen zu müssen. Bei Mitarbeitergesprächen müssen die Führenden nicht nur den Eintritt eventueller Informationsverluste verhindern und Regelungen für bestimmte Sachverhalte treffen, sondern sie müssen vor allem ihre Beziehung zu den Mitarbeitern gestalten.

Da zwischenmenschliche Beziehungen sich auch auf beruflicher Ebene äußerst kompliziert gestalten können, ist hier Feingefühl und ein flexibler Umgang mit verschiedenen Persönlichkeiten notwendig. Dieser Aspekt wird in der täglichen Praxis bedauerlicherweise häufig unterschätzt. Dabei können Berufsträger ihre Mitarbeiter mithilfe von Gesprächen für ihre Unternehmensziele nachhaltig gewinnen und das Betriebsklima, die betrieblichen Normen sowie die Unternehmenskultur gestalten und lenken. Mit den richtigen Kommunikationstechniken können Sie die Lebensqualität Ihrer Belegschaft wesentlich verbessern und diese zu Bestleistungen motivieren.

Eine gelungene betriebliche Kommunikation ist zu dem Zeitpunkt zielorientiert. Typische Ziele sind in Abb. 1.1 aufgeführt.

Die betriebsinterne Kommunikation gerät durch die Fülle der verschiedenen Ziele schnell zu einer Art „Flaschenhals" (Davis 1967) innerhalb der Kanzleiorganisation. Zur Weitergabe von Informationen und Vorgaben stehen dem Unternehmen grundsätzlich eine beträchtliche Auswahl an verschiedenen Kommunikationswerkzeugen wie E-Mails, Hauspost und Aktennotizen zur Verfügung. Nach empirischen Studien (Neuberger 2015, S. 7) sowie nach meiner persönlichen Erfahrung ist das Mitarbeitergespräch jedoch das zentrale Mittel, um diese Ziele innerhalb der eigenen Kanzlei zu verwirklichen. Sprechen Sie regelmäßig mit Ihren Mitarbeitern und steigern Sie so den Erfolg Ihres Betriebs.

Abb. 1.1 Verschiedene
Kommunikationsziele

KOMMUNIKATION

informieren

qualifizierte Mitarbeiter finden

Veränderungen einleiten

Vorgänge lenken / Regelungen treffen

analysieren

delegieren

Einfluss nehmen

beraten

motivieren

Ziele setzen

Korrektur

Koordination / Organisieren

Probleme lösen

Aufträge erteilen / Aufgaben delegieren

langfristige Bindung der Mitarbeiter

Förderungsmaßnahmen besprechen

Innovation fördern

1.5   Bleiben Sie im Gespräch!

Haben Sie heute schon mit Ihren Mitarbeitern gesprochen? Nur wenn Sie mit Ihren Mitarbeitern in regelmäßigem Kontakt stehen, werden Sie wichtige und schwierige Gespräche mit sehr viel mehr Leichtigkeit meistern können. In den sogenannten „Michigan Leadership Studies", die auch als „Michigan-Schule"

(Neuberger 2015, S. 8) bezeichnet werden, wurde die Effizienz zwischen zwei verschiedenen Führungsstilen untersucht und verglichen: *dem aufgaben- und dem beziehungsorientierten Leitungsstil*. Die Studie zeigte, dass die Leistungsfähigkeit der Arbeitsgruppe signifikant höher ausfiel, mit der der Vorgesetzte nicht nur einen formellen und leistungsbezogenen Kontakt pflegte, sondern mit der er auch persönliche und nicht arbeitsbezogene Anliegen besprach. Umso weniger sich die Mitarbeiter auf ihre Funktion als reiner „Aufgaben-Erfüller" reduziert empfanden und stattdessen mehr Raum erhielten, ihre Bedürfnisse, Sorgen und Erwartungen zu äußern, desto mehr wuchs die Leistungsbereitschaft dieser Mitarbeiter. Der sogenannte *mitarbeiterorientierte Führungsstil* ist davon geprägt, inwieweit sich die Führungskraft jedem Mitarbeiter auf allgemein-menschlicher Ebene zuwendet, dessen Befinden erfragt und nach eventuellen Sorgen oder der privaten Situation erkundet. Dieser Führungsstil erzeugt in der Regel eine höhere Arbeitszufriedenheit bei den Mitarbeitern.

In meiner Praxis hat sich dieser Führungsstil seit vielen Jahren bewährt. Die Mitarbeiter sind das wichtigstes Kapital meiner Kanzlei und entsprechend gehe mit meinem Team um. Denn nur ein zufriedenes Team, das sich in einem angenehmen Betriebsklima befindet, erbringt dauerhaft hervorragende Leistungen.

In der verbalen Interaktion mit dem Team sollte dieser Aspekt in einer *mitarbeiterorientierten Gesprächsführung* Ausdruck finden. Schenken Sie Ihren Mitarbeitern in allen Gesprächen stets so viel Aufmerksamkeit wie dem Gesprächsgegenstand selbst. Wenn Sie mitarbeiterorientiert kommunizieren und diesen Grundgedanken jederzeit umsetzen, wird es Ihnen gelingen, Ihr Team stärker zu motivieren, zukünftige Konflikte zu vermeiden und die Mitarbeiter- und Kanzleientwicklung positiv voranzutreiben.

Mitarbeitermotivation, Konfliktvorbeugung und Mitarbeiter- und Kanzleientwicklung (siehe Abb. 1.2) sind folglich direkte Ziele jedes Mitarbeitergesprächs (Saul 1999, S. 14). Um die Distanz zwischen dem Chef der Kanzlei und dem Team jederzeit möglichst gering zu halten, sollte man möglichst ständig im Gespräch bleiben und nicht nur bei den offiziellen Gesprächsterminen das Wort aneinander richten. Nutzen Sie stattdessen jede Gelegenheit für einen kleinen „Plausch", auch wenn es sich nur um ein paar Minuten vor dem Fahrstuhl, der Kaffeemaschine oder abends an der Garderobe handelt. Was wissen Sie von Ihren Mitarbeitern als Menschen? Welche Hobbys haben sie? Wie sieht die private Situation des Mitarbeiters aus? Gibt es Sorgen wie zum Beispiel ein erkranktes Familienmitglied? Oder gibt es gerade positive persönliche Ereignisse, Entwicklungen oder Neuigkeiten (zum Beispiel Verlobung, Kindesgeburt, Fortbildung), die der Mitarbeiter gerne mit Ihnen teilen würde?

Mitarbeitermotivation

Konfliktvorbeugung

Mitarbeiter- und Kanzleientwicklung

Mitarbeiter-
gespräche

Abb. 1.2 Ebenen einer mitarbeiterorientierten Gesprächsführung

„Dafür habe ich keine Zeit" werden Sie jetzt vielleicht einwenden. Eventuell haben Sie auch das Gefühl, Sie müssten Ihre Zeit eher für fachliche Belange
als für „unnötiges Geplänkel" einsetzen. Bedenken Sie aber, dass es hier nicht
darum geht, endlose Privatgespräche im Berufsalltag zu verankern (was in der Tat
kontraproduktiv wäre), sondern eine Übersicht zu behalten, was Ihre Mitarbeiter
persönlich bewegt und die stets vorhandene Distanz zwischen dem Chef zum
Team ein wenig zu schmälern.

1.6   Über den Umgang mit Hierarchien und wie man sie flach hält

In der betrieblichen Organisation einer Steuerkanzlei ist der Inhaber per se über-
geordnet und besitzt einen höheren Status und Einfluss als die Mitglieder seines Teams. Diese unterschiedliche Machtverteilung führt häufig dazu, dass die
Führenden häufig mehr Redezeit für sich in dem Selbstverständnis in Anspruch
nehmen, dass sie schließlich in doppelter Hinsicht „etwas mehr zu sagen" hätten. Aufgrund von Stichproben vermuten Wissenschaftler, dass in Mitarbeitergesprächen die Vorgesetzten etwa 70 % des Gesprächsverlaufs steuern (Saul
1999, S. 26), während der beteiligte Mitarbeiter und sogar der Gesprächsgegenstand selbst nur circa 30 % des Gesprächsverlaufs bestimmen. In der Praxis
nutzen die Führenden häufig diese hohe Gesprächslenkung von 70 %, um sich
selbst eine erheblich längere Redezeit einzuräumen. Da die Mitarbeiter dem Vorgesetzten das „Rederecht" kaum streitig machen werden, gibt es in dieser Situation beinahe kein Korrektiv für den Führenden.

Dieses Phänomen wird durch wissenschaftliche Untersuchungen bestätigt. Der Psychologe Harold G. Gerard (1957) wies in einigen Experimenten nach, dass Versuchspersonen, die man in eine Testgruppe als „Vorgesetzter" eingeführt hatte, deutlich mehr als andere redeten. Offenbar gehörte es zum Rollenverständnis aller Teilnehmer, dass der Führende mehr aktiv sein, dominant auftreten und die Gruppe lenken sollte. Der „Vorgesetzte" und die „Untergebenen" teilten in diesem Experiment folglich die gleiche Rollenerwartung. Dieses veraltete Status-Denken halte ich für fatal. Sicher kann man keine grundsätzlichen Angaben machen, wie die Gesprächsanteile zwischen Chef und Mitarbeiter verteilt sein sollten, da sich dies aus der Situation und dem Gegenstand des jeweiligen Gesprächs ergibt. Sollen beispielsweise strukturelle Änderungen in der Kanzlei vorgenommen werden, ist es gut möglich, dass der Kanzleiinhaber diese in einem längeren Gesprächsanteil den Mitarbeitern vorstellt und erläutert. Prinzipiell habe ich mir jedoch zum Ziel gesetzt, *mich in allen Mitarbeitergesprächen so viel wie möglich zurückzunehmen und mein Gegenüber anzuhören.* Auf diese Weise erfahre ich, was meine Mitarbeiter wirklich bewegt und baue die systemimmanenten Barrieren zwischen mir und meinem Team aktiv ab. Obwohl ich in den Gesprächen auf meine eigene Zurückhaltung achte, trage ich trotzdem die Verantwortung für den Verlauf des Gesprächs und interveniere, falls dieser in eine weniger konstruktive Richtung abzuleiten droht.

In Organisationen, deren Hierarchien durch ein antiquiertes Status-Denken und entsprechendes (Rede-)Verhalten ständig neu untermauert werden, treten verschiedene unangenehme „Nebenwirkungen" auf, die in weiteren wissenschaftlichen Laborexperimenten (Neuberger 2015, S. 19) festgestellt wurden:

1. In einer hierarchischen Struktur wenden sich die Unterstellten vorwiegend mit Anliegen an einen Höhergestellten, wenn es sich für den Unterstellten zu „lohnen" schien.

Beispiel

In einer (fiktiven) Steuerkanzlei suchen die Mitarbeiter nur dann das Gespräch zu ihrem Vorgesetzten, wenn es beispielsweise um eine Beförderung oder Gehaltserhöhung geht. Da der Chef diesem Verhalten nicht aktiv entgegenwirkt, wächst die vorhandene Distanz zwischen dem Chef und seinem Team zunehmend und der Kontakt bleibt grundsätzlich rudimentär.

2. In gefestigten Organisationsstrukturen neigen die Höhergestellten typischerweise dazu, eher mit Personen des „gleichen Rangs" als mit unterstellten Teammitgliedern zu kommunizieren.

> **Beispiel**
>
> In einer Steuerkanzlei sprechen die Berufsträger eher mit anderen Steuerberatern als mit den übrigen Teammitgliedern. Auch dieses Verhalten festigt starre Hierarchiestrukturen und führt zu unnötigen Gräben innerhalb des Teams.

3. Resultierend aus Punkt 1 zeigte sich in den Experimenten zudem, dass die Unterstellten nur dann Informationen an Höhergestellte weitergaben, wenn sie damit rechnen konnten, dass diese Informationsweitergabe für sie von Vorteil sei.

> **Beispiel**
>
> In einer (fiktiven) Steuerkanzlei treten sowohl die Berufsträger als auch andere Teammitglieder nur dann aus eigenen Stücken mit Informationen an den Chef heran, wenn diese sie in einem „guten Licht" erscheinen lassen. Eventuelle Fehler, Versäumnisse oder Kritikpunkte werden in dieser Struktur nicht freiwillig an den Chef herangetragen, da dieses Verhalten durch den Chef nicht „belohnt" wird.

Gerade der letzte Punkt zeigt, wie problematisch sich derartige Strukturen im Betriebsalltag auswirken können. Diese Art der „Schönfärberei" oder „Informationsfilterung" (Neuberger 2015, S. 19–20) bewirkt schnell, dass die Vorgesetzten nicht alle Informationen erhalten, die für ihre Entscheidungsbildung notwendig oder zumindest günstig wären. Zwar werden die Unterstellten in den wenigsten Fällen dem Chef die betreffenden Informationen aktiv vorenthalten, doch sie äußern diese – in dieser Konstellation – eben erst, nachdem sie hierzu aufgefordert werden. In einer Struktur, in der Offenheit durch die Mitarbeiter erst „gewagt" werden muss, ist der Informationsverlust vorprogrammiert.

Leider wird dieses Problem häufig unterschätzt. So mancher Chef glaubt, die Bekundung „man könne mit ihm über alles sprechen" würde genügen, um ein Umdenken in seinem Team herbeizuführen. Außerdem pflegt fast jeder das Selbstbild, ein umgänglicher Mensch zu sein, dem man sich doch anvertrauen könne. Aber sehen Mitarbeiter ihren Vorgesetzten in demselben Licht? Wissenschaftliche Untersuchungen zeichnen ein anderes Bild des Berufsalltags ab: Nach einer Umfrage (Likert 1961) des US-amerikanischen Sozialforschers Rensis Likert fühlt sich nur etwa die Hälfte aller Mitarbeiter frei, mit ihrem Vorgesetzten über wichtige Angelegenheiten zu sprechen. Die Vorgesetzten gaben ihrerseits an, dass sie annahmen, dass ihr Team sich sehr frei fühle, mit bedeutsamen Anliegen an sie heranzutreten. Auch wenn Likerts Befragung in den 1960er Jahren in

einem anderen gesellschaftlichen Kontext und zu Zeiten eines anderen Führungs-
verständnisses stattfand, ist die frappierende Diskrepanz zwischen dem Selbstverständnis der Führenden und der tatsächlichen Wahrnehmung der Mitarbeiter auch
aus heutiger Sicht nicht zu unterschätzen.

Aus diesem Grund muss der Vorgesetzte mithilfe von konkreten und kon-
sequenten Maßnahmen *proaktiv* handeln, um sein Team zu motivieren, mit
Verbesserungsvorschlägen, Problemen und anderen wichtigen Anliegen an
ihn heranzutreten. Ein wagemutiges Verhalten eines Mitarbeiters muss durch
den Kanzleiinhaber ausnahmelos honoriert werden. Hiermit ist in der Regel
keine finanzielle Entlohnung gemeint; in vielen Fällen wird eine ausdrückliche
Anerkennung genügend sein. Außerdem sollte das vorbildliche Verhalten bei der
Gesamtbeurteilung der Leistung im Rahmen des Jahresgesprächs miteinbezogen
werden. Näheres erfahren Sie hierzu in Kap. 10 „Aufbau eines nachhaltigen Vergütungssystems".

▶ **Praxistipp aus der Steuerkanzlei Dr. Siegel** In Steuerkanzleien gibt
   es in der Regel zwei bis drei Hierarchieebenen; in meiner Kanzlei sind
   es beispielsweise drei (siehe Abb. 1.3). Auf oberster Ebene stehe ich
   als Inhaber und Berufsträger. Darunter ist die Ebene der Steuerberater
   angesiedelt, derzeit beschäftige ich fünf Steuerberater. Die untere
   Ebene bilden 22 Mitarbeiter. Für mich ist es sehr wichtig, dass wir in
   einer gemeinsamen Anstrengung aller Mitarbeiter die Hierarchie so
   flach wie möglich halten. Daher verdeutliche ich nicht nur bei vielen
   Gelegenheiten verbal, dass die Mitarbeiter jederzeit zu mir kommen
   können, sondern honoriere dieses Verhalten gezielt mit Lob und in
   der Gesamtbeurteilung der Leistung des Mitarbeiters. Gleichzeitig
   gehe ich ständig auf alle Mitarbeiter zu, wenn ich Fragen zu einem
   Sachverhalt oder anderen Themen habe.
       So häufig wie möglich suche ich das direkte Gespräch, um die
   Informationen unmittelbar von dem betreffenden Mitarbeiter zu
   erhalten. Diese Art der Kommunikationshandhabung stärkt nicht nur
   das Verhältnis zu dem jeweiligen Mitarbeiter, sondern es erlaubt mir
   auch, sogenannte „stille Post-Effekte" fast vollständig zu eliminieren.
   Außerdem baut der ständige Kontakt eventuelle Barrieren zwischen
   mir und meinem Team ab: Da wir ohnehin ständig im Gespräch sind,
   ist die Hürde, an mich aus eigenen Stücken heranzutreten, so weit wie
   möglich gesenkt. Insgesamt kanalisieren wir unseren Informations-
   fluss mit viel Achtsamkeit, sodass die korrekten Informationen und
   Daten auch bei dem richtigen Empfänger landen.

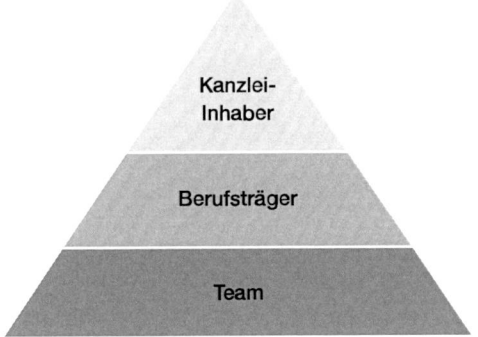

Abb. 1.3 Hierarchieebenen in einer Steuerkanzlei

1.7   Warum Zeit und Raum eine Rolle spielen

Mitarbeitergespräche sollten grundsätzlich in dem richtigen zeitlichen und räumlichen Kontext stattfinden. Steuerberater sind in der Regel zeitlich stark eingebunden. Wer kennt das nicht? Die Eingangsbox des Emailprogramms quillt bereits über, im gleichen Moment meldet sich ein Mandant mit einer dringenden fachlichen Frage am Telefon, obwohl man doch gerade einen komplizierten steuerrechtlichen Sachverhalt klären wollte. Der Alltag vieler Steuerberater ist von Zeitmangel stark geprägt.

Umso wichtiger ist es, dass man sich für die Gespräche mit dem Team dennoch genügend Zeit nimmt, sodass alle Belange und Bedürfnisse die angemessene Würdigung erfahren können. Weder bei offiziellen Gesprächsterminen noch bei kleinen inoffiziellen verbalen Interaktionen sollte sich der Vorgesetzte aufgrund seines Zeitmangels dazu hinreißen lassen, dem Mitarbeiter kurzangebunden zu antworten oder mit Desinteresse zu begegnen. Schneidet der Vorgesetzte dem Mitarbeiter gar das Wort mit Blick auf die Uhr ab, kann das mühselig erworbene Vertrauen jenes Mitarbeiters schnell verspielt sein.

Wichtig ist auch, ein Gefühl für die passende Räumlichkeit zu entwickeln, in der Mitarbeitergespräche stattfinden. Im Büro des Chefs fühlen sich viele Mitarbeiter schon allein deshalb nicht wohl, weil es sich um das fremde „Revier" ihres Vorgesetzten handelt, in dem er oder sie sich nicht häufig auffällt. Sitzt der Kanzleiinhaber zusätzlich hinter einem Schreibtisch, findet die Barriere zwischen Vorgesetztem und Mitarbeiter eine physische Entsprechung, die den Chef deutlich in seiner Position instituiert. Schon aus diesem Grund besuche ich meine Mitarbeiter gerne in ihrem Arbeitsbereich und komme auf diese Weise – auch im räumlichen Sinne – auf meine Mitarbeiter zu. Offizielle Gesprächstermine halte ich grundsätzlich nicht in meinem Büro ab, sondern diese finden bei einem gemeinsamen Spaziergang oder im vorgesehenen Meeting-Bereich statt. Auf diese Weise nutze ich jede Gelegenheit, um unnötige Gesprächshürden zwischen mir und meinem Team möglichst weitgehend auszuräumen.

1.8 Zwischenfazit

Der Beruf des Steuerberaters erfährt derzeit einen dramatischen Wandel, der nicht nur die Berufsträger, sondern auch die Mitarbeiter von Steuerkanzleien vor gewaltige Aufgaben stellt. Gleichzeitig verzeichnet die Branche einen zunehmenden Mangel an geeignetem Personal. Um gute Mitarbeiter zu gewinnen und langfristig binden zu können, ist eine mitarbeiterorientierte Führung und Kommunikation von wesentlicher Bedeutung. Das Mitarbeitergespräch ist hierbei das zentrale Instrument dieses Ansatzes.

Um erfolgreiche Mitarbeitergespräche zu ermöglichen, liegt es in der Verantwortung des Vorgesetzten beziehungsweise Kanzleiinhabers, hierfür die richtigen Voraussetzungen zu schaffen. Dies kann er erreichen, indem er die systemimmanenten Hürden zwischen den einzelnen Hierarchieebenen in seiner Kanzlei aktiv abbaut, fortlaufend das Gespräch zu seinem Team sucht und konsequent darauf achtet, dass die Gespräche in einem geeigneten zeitlichen und räumlichen Kontext stattfinden.

Literatur

Davis, K. (1967). *Human relation at work: The dynamics of organizational behavior* (S. 319). New York: McGraw Hill.

Gerard, H. B. (1957). Some effects of status, role clarity, and group goal clarity upon the individuals relations to group process. *Journal of Personalty, 25*, 475–488.

Likert, R. (1961). *New patterns of management* (S. 41 f.). New York: McGraw Hill.

Neuberger, O. (2015). *Das Mitarbeitergespräch – Praktische Grundlagen für erfolgreiche Führungsarbeit* (6. Aufl., S. 7, 8, 19–20). Wiesbaden: Springer Fachmedien.

Saul, S. (1999). *Führen durch Kommunikation: Gespräche mit Mitarbeitern* (3. Aufl., S. 14, 26). Weinheim: Beltz.

Einführung in die Kommunikationspsychologie

2

Dieses Kapitel gibt Ihnen einen Überblick über die Grundlagen der Kommunikationspsychologie. Einige der hier aufgeführten Grundsätze kennen Sie vielleicht schon und haben diese aus einem persönlichen Instinkt, Bauchgefühl oder anderen Überlegungen heraus bereits in Ihren Führungsstil integriert. Dieses Kapitel behandelt die wichtigsten Aspekte und Werkzeuge der zwischenmenschlichen Interaktion. Mithilfe dieser Übersicht erhalten Sie einige zentrale Anhaltspunkte, den eigenen Führungs- und Kommunikationsstil einer inneren bewusstmachenden Prüfung und eventuellen Neujustierung zu unterziehen.

2.1 Das Selbstverständnis des Kanzleiinhabers

Dieses Buch basiert auf einem modernen Selbstverständnis des Führenden. Was ist hiermit gemeint?

Ein moderner Chef beharrt nicht in jeder Situation darauf, möglichst perfekt und unangreifbar vor seinem Team zu erscheinen oder gar immer Recht zu haben. Vielmehr ist er als Vorgesetzter souverän genug, nicht nur zu seinen Stärken, sondern auch zu seinen eventuellen Schwächen zu stehen. Ihm ist klar, dass er seine Vorbildrolle im Berufsalltag vorleben muss, um nicht unglaubwürdig zu werden. Daher zeigt er genau die Verhaltens- und Kommunikationsweisen im Umgang mit seinen Mitarbeitern, die er sich von seinem Team wünscht. Handelt der Führende mit den eigenen Ansprüchen im Einklang, schafft er hierdurch die erforderliche Grundlage für die Mitarbeiter, es ihm gleich zu tun. Insbesondere achtet er auch auf eine förderliche Fehlerkultur in der Kanzlei, in der Fehler nicht vor ihm verborgen, sondern stattdessen offen und konstruktiv angesprochen werden.

© Springer Fachmedien Wiesbaden GmbH, ein Teil von Springer Nature 2018
T. Siegel, *Mitarbeitergespräche in Steuerkanzleien,*
https://doi.org/10.1007/978-3-658-21875-1_2

▶ **Praxistipp aus der Steuerkanzlei Dr. Siegel** In meinen Fall erhielt ich
vor ein paar Jahren durch eine schwere Krankheit den Anstoß, über
mich und wie ich mein Unternehmen führe, intensiv nachzudenken.
Als Ergebnis habe ich meine Kanzlei nachhaltig umstrukturiert und
auf dem Markt neu ausgerichtet. Im Nachhinein bin ich sehr froh, dass
ich durch meine Krankheit gezwungen war, mich einigen wichtigen
Fragen restlos zu stellen. Aufgrund dieser Überlegungen konnte ich
eine innere Haltung für meine Rolle als Führungsperson beziehen, die
heute die Basis meines täglichen Handelns ist.

Im Rahmen einer eigenen Bestandsaufnahme ist es wichtig festzustellen, welche Stärken und Schwächen man in Bezug auf eine
mitarbeiterorientierte Führungsweise vielleicht hat. Wenn man beispielsweise an sich bemerkt, dass man sich allgemein für andere Menschen und auch für die eigenen Mitarbeiter nicht wirklich interessiert,
wird es sehr schwierig, einen mitarbeiterorientierten Führungsstil
glaubwürdig gegenüber dem Team zu vertreten. Ist beispielsweise
der Kanzleiinhaber hauptsächlich sehr stark am Umsatz orientiert
und möchte aber trotzdem die Vorteile eines mitarbeiterorientierten
Führungsstils nutzen, sollte er eine Kanzleileitung hinzuziehen, die eine
andere Sichtweise – in diesem Fall die der Mitarbeiterorientierung –
in der Kanzlei etabliert und umsetzt. Durch eine gezielte Kanzlei-
Struktur und Personalauswahl kann man persönliche Schwächen wett-
machen und das Betriebsklima nachhaltig verbessern. Umgeben von
den richtigen Menschen kann man die eigenen Ziele leichter erreichen.

Über die Jahre gilt es zu außerdem zu vermeiden, betriebs- oder
branchenblind zu werden. Oft stimmen Steuerberater, wenn sie auf-
einandertreffen ein gemeinsames Klagelied an: „Es ist so schwer
gutes Personal zu finden", „Die Mandanten stellen immer höhere
Anforderungen", „Der Steuergesetzgeber stellt uns vor so viele neue
Änderungen." Dies ist kein Spezifikum der Steuerberaterbranche und
ist in anderen Berufsgruppen gleichermaßen verbreitet. Hier besteht die
Gefahr, sich von einer allgemeinen Negativität ergreifen zu lassen, die
ich nicht zuträglich finde. Auch angesichts von Herausforderungen halte
ich es für wichtig, sich immer eine Grundpositivität zu bewahren. Diese
Positivität ist für mich ein entscheidendes Kriterium – übrigens auch bei
der Auswahl meines Teams, denn ich möchte mich nur mit Menschen
umgeben, die eine bejahende, optimistische Grundhaltung pflegen.

Eine zugrunde liegende Negativität kann zudem schnell Probleme
in der Kommunikation hervorrufen. Wird ein Gespräch von zu viel

Negativität erfasst, sollten Sie die betrübte Grundstimmung mit einem lösungs- und stärkenorientierten Ansatz bereinigen. Näheres hierzu erfahren Sie in Abschn. 3.6.4.

Selbstverständlich ist das Erreichen eines bestimmten Umsatzes auch für mich ein wesentliches Geschäftsziel, doch daneben steht für mich gleichrangig das Ziel, dass der betriebliche Alltag sowohl für mich als auch das Team durch ein freundliches, respektvolles und prinzipiell aufgeschlossenes Miteinander geprägt ist.

Als moderner Vorgesetzter ist der Kanzleiinhaber der Innovationsmotor der Kanzlei; er arbeitet mehr an als in der Kanzlei. Seine Aufgabe ist es, sein Team zu begeistern, indem er es überzeugt und nicht „überredet" (siehe Abschn. 3.6.2) Seine Überzeugungskraft und Autorität beruht hierbei nicht auf einer formalen, hierarchischen „Hausmacht", sondern auf seiner persönlichen Integrität. Im Kommunikationsverhalten begegnet er seinem Team *mitarbeiterorientiert* (siehe Kap. 1), respektvoll und empathisch.

Eines der wichtigsten Eigenschaften für einen Kanzleiinhaber ist aus meiner Sicht der Wille und die Fähigkeit, sich aktiv mit der eigenen Leitungsrolle auseinanderzusetzen. Diese Beschäftigung ist manchmal mit Rückschlägen verbunden, aber dennoch zutiefst lohnend: Denn nur, wenn der Führende genau identifiziert hat, welche Aufgaben er als die seinen betrachtet und welches Selbstverständnis er dem eigenen Handeln zugrunde legt, kann er gegenüber seinem Team stimmig und authentisch auftreten.

Eine weitere essenzielle Voraussetzung des mitarbeiterorientierten Führungs- und Kommunikationsstils ist, dass man sich ehrlich für seine Mitarbeiter interessiert. Ist dies nicht gegeben, lässt sich dieses auch nicht vortäuschen oder heucheln. Als Mitarbeiter muss man nicht psychologisch geschult sein, um diese Maskerade schnell zu durchschauen. Wer als Führungskraft oder Kanzleiinhaber die notwendige Empathie, Offenheit und das grundlegende Interesse für das eigene Team in seiner Person nicht mitbringt, wäre besser beraten, diese Lücke durch eine speziell eingerichtete Stelle zu kompensieren.

2.2   Situationsgerechtes Führen und Kommunizieren

Im Kanzleialltag muss der Führende sehr viel Wandelbarkeit zeigen, um auf die vielen verschiedenen Situationen einzugehen, die sich im Laufe eines Tages stellen. Die verschiedenen Sachlagen treten nicht nur im Umgang mit den Mandanten und Behörden auf, sondern begegnen ihnen auch im täglichen Kontakt mit dem Team.

Der Kanzleiinhaber ist in der Regel der Fachexperte, dessen fachlicher Rat von den Mitarbeitern bei schwierigen Sachverhalten dringend benötigt wird. Gleichzeitig muss er die Leistungen der angestellten Berufsträger sowie des gesamten Teams koordinieren und managen. Gelegentlich muss er bei Konflikten als „Streitschlichter" agieren, während er in anderen Gesprächen seine Mitarbeiter wie ein „Coach" fördern und motivieren muss. Und das ist noch nicht alles! In der Regel nimmt er auch die Rolle des „Personalentwicklers" ein und muss den Mitarbeitern die passenden Aufgaben zuweisen und Konflikten vorbeugen, während er diese zugleich in schwierigen Situationen begleitet, berät und ihnen zuhört. Zudem ist es seine Aufgabe, die Ausrichtung und Innovation der Kanzlei voranzutreiben und alle Entscheidungen schließlich als „Verantwortlicher" zu tragen. Die unterschiedlichen Anforderungen sind also vielzählig.

Um diesen vielen verschiedenen Herausforderungen gerecht zu werden, muss man zunächst – wie bereits oben erwähnt – im Einklang mit sich selbst stehen und sich seiner eigenen Gefühle (zum Beispiel Erschöpfung) zu jedem Zeitpunkt im Klaren sein, da diese Stimmungen das eigene Verhalten und die Kommunikation in der jeweiligen Situation mitprägen.

Situationsgerechtes Führen und Kommunizieren bedeutet zudem, dass man als Führender internalisiert hat, dass jeder Mitarbeiter und jede Situation eine andere Lösung und Herangehensweise erfordert. Benötigt beispielsweise ein neuer Mitarbeiter etwas Hilfestellung, kann diese Handlung von einem erfahrenen Mitarbeiter als Bevormundung und Herabsetzung empfunden werden. Gerade daher ist es so wichtig, mit den Mitarbeitern viel zu sprechen, um ihre Stärken, Schwächen und Persönlichkeit gut kennenzulernen, um anschließend individuell auf diese – im Gespräch und Handeln – eingehen zu können.

In der Praxis führt diese Fülle der Aufgaben dazu, dass ab einer bestimmten Kanzleigröße (mehr als zehn Mitarbeiter) einzelne Aufgaben an einen Dritten delegiert werden müssen, um allen Prozessen und Mitarbeitern weiterhin gerecht werden zu können. Beispielsweise habe ich vor mehreren Jahren alle koordinierenden und personal-managenden Aufgaben an meine Kanzleileitung übertragen, was zu einer wesentlichen Arbeitserleichterung und Steigerung meiner persönlichen Lebensqualität geführt hat. Meine Kanzleileiterin sorgt für einen reibungslosen Ablauf aller Prozesse, während wir alle Fragen der Personalentwicklung gemeinsam verantworten. Auf diese Weise habe ich die Gelegenheit, mich stärker auf meine Aufgaben als Innovator, Hauptverantwortlicher, Fachexperte und Mitarbeitercoach zu konzentrieren und den von mir gewählten Aufgaben besser gerecht werden.

2.3   Die mitarbeiterorientierte Gesprächsführung

Im Zuge der mitarbeiterorientierten Gesprächsführung räumt man – wie bereits in Kap. 1 beschrieben – dem Mitarbeiter in einem Gespräch ebenso viel Aufmerksamkeit wie dem Gesprächsgegenstand ein. In dem Gespräch stehen sich Sender und Empfänger gegenüber (siehe Abb. 2.1), die wechselseitig Mitteilungen aneinander richten.

Wenn der Sender die Mitteilung in seine Worte kleidet, verschlüsselt er die Nachricht, sodass der Empfänger diese erst decodieren muss, um zu verstehen, was gemeint ist. Selbstverständlich ist hiermit keine „Decodierung" im engeren Sinne gemeint, doch der Inhalt der Mitteilung muss durch den Empfänger immer ein wenig gedeutet werden und umgekehrt.

Ein mitarbeiterorientiertes Gespräch (siehe Abb. 2.2) ist gleichermaßen auf den Gesprächsgegenstand/die Aufgaben als auch auf den Mitarbeiter ausgerichtet.

Wie geht man hierbei am besten vor?

Zunächst achten Sie aufmerksam auf das, was Sie sagen und wie Sie es sagen. Bemühen Sie sich, den Sachverhalt möglichst so zu fassen, dass sowohl der Gegenstand gut erfasst und gleichzeitig die Erwartungen und Gefühle des Mitarbeiters berücksichtigt werden. Der Mitarbeiter wird vermutlich aufmerksam

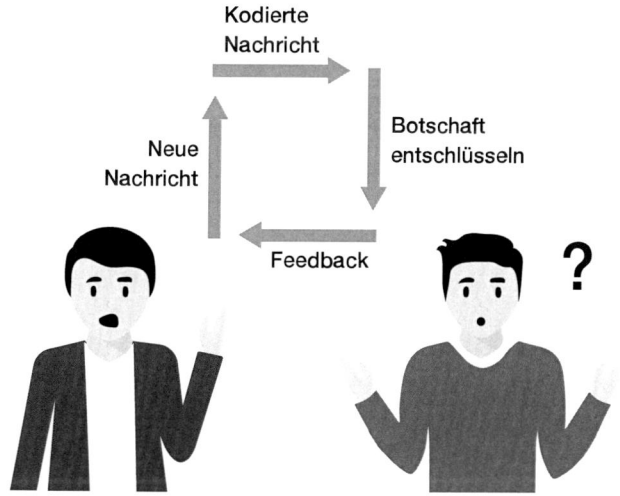

Abb. 2.1   Das Sender-und-Empfänger-Modell

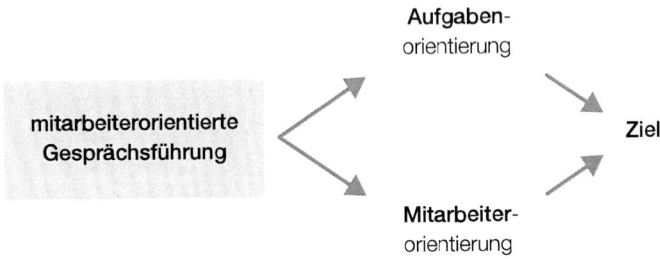

Abb. 2.2 Aufbau einer mitarbeiterorientierten Gesprächsführung

zuhören, ob der Vorgesetzte sich zu seinen Leistungen oder Verhalten äußert und welches Verhalten von ihm erwünscht ist. Häufig möchte er in dem Gespräch die Gelegenheit erhalten, das eigene Wissen und Können zeigen zu dürfen, denn er möchte nicht auf die Rolle eines bloßen Claqueurs reduziert werden.

▶   **Leitsatz** Achten Sie in mitarbeiterorientierten Gesprächen darauf, was Sie sagen und wie Sie es sagen. Räumen Sie dem Mitarbeiter ebenso viel Raum wie dem Gesprächsgegenstand ein.

In der Regel möchte der Mitarbeiter hinsichtlich seines Gesprächsanteils angemessen berücksichtigt werden. Wie jeder Mensch möchte er spüren, dass er ernst genommen wird und für das Unternehmen ein wichtiges Mitglied ist. Nehmen Sie sich also Zeit für den Mitarbeiter, räumen ihm genügend Redezeit ein oder nehmen Sie sich – so wie ich es persönlich handhabe – möglichst weitgehend zurück. Sparen Sie aber nicht beim Ausdruck Ihrer Wertschätzung für Ihren Mitarbeiter. Nutzen Sie auch dieses Gespräch, um mehr über Ihren Mitarbeiter zu erfahren. Wenn Sie kleine Gemeinsamkeiten entdecken, umso besser: dies stärkt Ihre Beziehung zu dem Mitarbeiter.

▶   **Praxistipp aus der Steuerkanzlei Dr. Siegel** Meine Kanzleileiterin und ich achten sehr stark darauf, dass unsere Mitarbeiter in jeder Situation „als Menschen" wahrgenommen werden. Wenn beispielsweise neue Mitarbeiter ins Team kommen, dann weiß ich aus den vorherigen Gesprächen bereits, welche Hobbys sie pflegen, welchen familiären Hintergrund sie besitzen oder wo sie beispielsweise zuletzt im Urlaub waren. Mich interessiert einfach sehr, wer meine Teammitglieder sind und mit welchen Fragen und Dingen sie sich außerhalb des Büros beschäftigen.

> Für diese Wissbegierde erhalte ich sehr viel positives Feedback: meine Mitarbeiter bestätigen mir, dass es ihnen sehr gut gefällt, nicht als eine bloße „Arbeitsmaschine", die Umsätze erzielt und den notwendigen Deckungsbeitrag generiert, sondern eben als ganzer Mensch wahrgenommen zu werden. Diese Grundannahme – jeder Mitarbeiter ist eine interessante, individuelle Persönlichkeit – ist tief in jedes unserer Gespräch verankert. In unseren Gesprächen nimmt der Austausch an zwischenmenschlichen Themen etwa 70 % ein, nur die übrigen 30 % widmen wir inhaltlichen Fragen.
>
> Es macht Spaß, offen und respektvoll miteinander zu sprechen. Auf diese Weise klappt die Zusammenarbeit mit dem Team und innerhalb des Teams in meiner Kanzlei, weil das „Menschliche" bei uns einfach stimmt.

Manchmal ist es aber gar nicht so einfach herauszufiltern, was das Gegenüber uns eigentlich mitteilen möchte. Dies hat damit zu tun, dass wir fast immer mit verschiedenen „Zungen" sprechen oder speziellen „Ohren" lauschen. Näheres hierzu erfahren Sie im nächsten Abschnitt.

Exkurs: Das Kommunikationsquadrat
Als kleinen Einschub stelle ich Ihnen das sogenannte Kommunikationsquadrat (gelegentlich auch als Vier-Ohren-Modell bezeichnet, siehe Abb. 2.3) vor, an das Sie sich vielleicht aus Zeiten Ihres Deutschunterrichts in der Schule erinnern.

Dieses Kommunikationsmodell wurde von dem bekannten Psychologen und Autor Friedemann Schulz von Thun entwickelt, um die Vielschichtigkeit menschlicher Kommunikation zu erklären. Nach diesem Modell (Thun et al. 2017) enthält jede Mitteilung vier Botschaften: Sachinhalt, Selbstkundgabe, Beziehungshinweis, Appell. Jede menschliche Äußerung enthält demnach eine Sachinformation (über die der Sender informiert), eine Selbstkundgabe (was der Sender über sich selbst zu erkennen gibt), einen Beziehungshinweis (wie der Sender zu seinem Gegenüber steht) und einen Appell (welches Verhalten sich der Sender von dem Empfänger wünscht).

Abb. 2.3 Visualisierung des Kommunikationsquadrats

In der Regel sind Mitarbeiter stark funktional ausgerichtet. Die **Sachebene**, in der es um Daten und Fakten geht, ist der Gesprächsanteil, den der Sender am meisten rational durchdrungen hat und daher bewusst äußerst. Schließlich ist er in der Regel bestrebt, den Sachverhalt verständlich zu vermitteln. Der Empfänger nimmt mit seinem „Fakten-Ohr" die Informationen, Daten und Sachverhalte auf und kann mit inhaltlichen Fragen nachhaken.

Im Rahmen der **Selbstkundgabe** gibt der Sender – häufig unbewusst – etwas über seine eigene Person preis. Jede menschliche Äußerung enthält einen Hinweis darauf, wie es dem Sender geht und was gerade in ihm vorgeht (seine Gefühle, Überzeugungen usw.). Auf diese Weise zeigt der Sender etwas über seine innere Haltung oder seinen emotionalen Zustand, den das Gegenüber mit dem entsprechenden „Selbstkundgabe-Ohr" aufnimmt. Der Empfänger versucht nun – häufig unbewusst – zu analysieren, in welcher Stimmung sich der Sender befinden mag und wie er dessen Worte einordnen sollte.

In einem Mitarbeitergespräch lauscht der Mitarbeiter manchmal mit „gespitzten Ohren" auf den **Beziehungshinweis** in den Mitteilungen seines Vorgesetzten. Dieser enthält Hinweise darauf, was der Sender von seinem Gegenüber hält oder wie er zu ihm steht. Ist der Sender der Kanzleiinhaber oder Vorgesetzte, versucht der Mitarbeiter zu ermitteln, wie dieser seine Leistungen beurteilt und ob er geschätzt wird. Was hält mein Chef von mir? Ist er mit meiner Arbeit zufrieden? Wie geht er mit mir um? Hierzu analysiert der Empfänger den verwendeten Tonfall des Senders, seine Wortwahl aber auch non-verbale Zeichen wie etwa seine Mimik und Gestik.

Der **Appellteil** der Äußerung beinhaltet, was für ein Verhalten sich der Sender von dem Empfänger wünscht. Der Empfänger vernimmt mit seinem „Appell-Ohr" diese Wünsche und Handlungsanweisungen und fragt sich: Was soll ich jetzt machen, denken oder fühlen?

Diese vier Dimensionen werden etwas abgewandelt in dem sogenannten TALK-Modell (siehe Abb. 2.4) nach Neuberger (1996) dargestellt, das zwischen der **T**atsachen-Darstellung, dem **A**usdruck der Selbstdarstellung, der **L**enkung und der **K**ontakt- beziehungsweise **K**limainformation einer Mitteilung unterscheidet. Auch nach diesem Modell werden in einem Gespräch alle vier Aspekte bespielt, wenngleich in unterschiedlich starker Ausprägung.

Nimmt der Ausdruck (zum Beispiel: „Lassen Sie mich in Ruhe!") in der Mitteilung einen bestimmenden Anteil ein, kann dieser alle anderen Ebenen überlagern. Hier gilt der Merksatz: „Wenn **T**atsachen durch den **A**usdruck eine solche **L**enkung erfahren, dass kein **K**ontakt hergestellt wird, ist es kein Gespräch." (Hossiep 2008).

Gerade mit der Beziehungs- und Selbstkundgabe-Ebene nehmen Sie mit Ihrem Gesprächsverhalten einen starken Einfluss auf Ihr Arbeitsverhältnis zu dem jeweiligen Mitarbeiter und dem allgemeinen Betriebsklima. Hiermit steuern Sie das Gesprächsklima und ob Sie Ihr Gegenüber motivieren oder demotivieren. Auf diesen Ebenen können Sie Ihrem Gesprächspartner zudem Anhaltspunkte geben, Sie sympathisch zu finden. Gleichzeitig können in diesen Bereichen schnell Missverständnisse zwischen Sender und Empfänger entstehen, die die Emotionen der zwei Gesprächsbeteiligten schnell ins Wanken bringen können, doch hierdurch sollte man sich nicht aus der Ruhe bringen lassen.

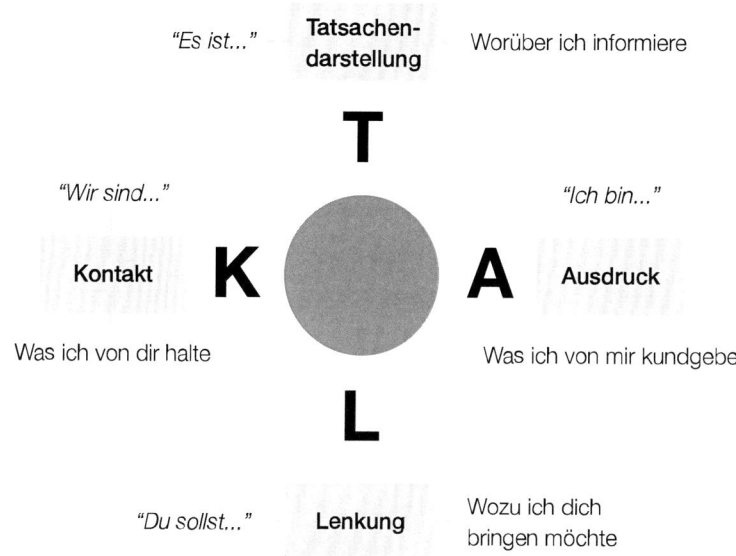

Abb. 2.4 Das TALK-Modell

▶   **Leitsatz** Der Beziehungs- und Selbstkundeanteil Ihrer Äußerungen
nimmt den stärksten Einfluss auf das Verhältnis zu Ihrem Mitarbeiter.
Nutzen Sie diese Aspekte, um die Beziehung zu Ihrem Mitarbeiter zu
stärken, indem Sie beispielsweise nicht zögern, Ihre Wertschätzung für
seine (auch interpersonellen) Leistungen zum Ausdruck zu bringen.

2.4   Keine Angst vor Emotionen

Ein Gespräch erfasst Menschen in ihrem gesamten Wesen. Aus diesem Grund
ist jedes Gespräch von Gefühlen begleitet. Dies bedeutet jedoch auch, dass man
sich seiner eigenen Gefühle möglichst bewusst sein sollte, da die eigenen Emotionen stets „in das Gespräch überzuschwappen" drohen. Das sogenannte Eisbergmodell[1] (siehe Abb. 2.5) illustriert, wie in zwischenmenschlichen Interaktionen

[1]Das Eisbergmodell wurde auf Basis der allgemeinen Theorie der Persönlichkeit von Sigmund
Freud (1856–1939) entwickelt.

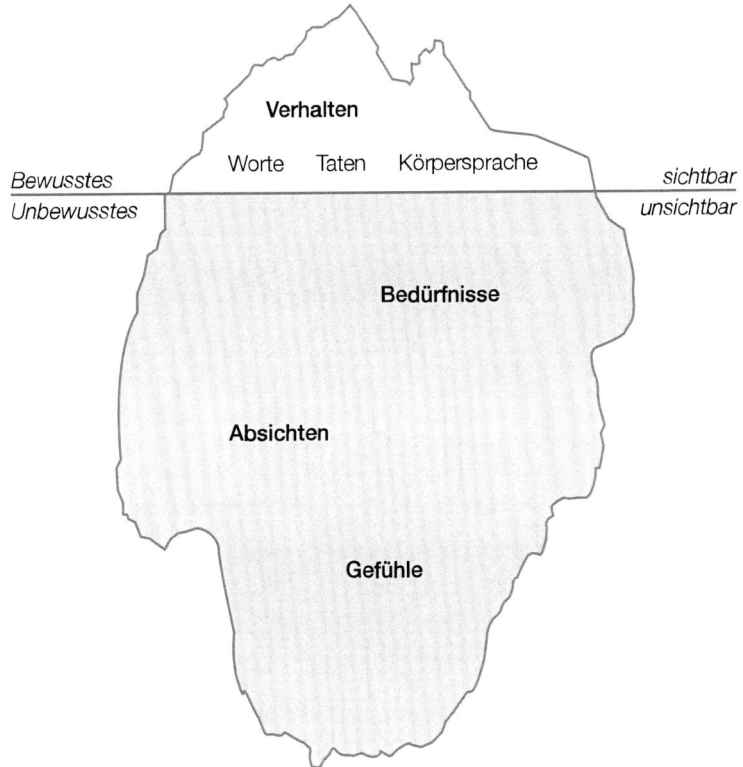

Abb. 2.5 Das Eisbergmodell

in der Regel nur „die Spitze des Eisbergs" für andere sichtbar wird. Diesen Teil der Kommunikation steuern wir rational und bewusst, um in dieser Weise wahrgenommen zu werden. Der weitaus größere Teil der Persönlichkeit befindet sich unsichtbar und unbewusst unter der Oberfläche.

Der Vorgesetzte muss sich daher fragen, wie viel er von seiner inneren Welt in dem Gespräch offenbaren und inwieweit er die Gefühlswelt seines Mitarbeiters in dem Gespräch ansprechen möchte. Doch hier kommen gleich zwei Schwierigkeiten auf ihn zu: die verborgene Gefühlswelt lässt sich nur schwer ganz verbannen, denn sie ist Teil seines Wesens. Daher lässt es sich nur sehr bedingt trainieren, diese vor anderen zu verbergen.

Die Mitarbeiter nehmen wiederum häufig die Einstellungen, Werte und Gemütsäußerungen ihres Vorgesetzten ihrerseits unbewusst wahr. Dieses bewusste und unbewusste Einander-Entschlüsseln gelingt jedoch leider nicht immer. Gerade wenn sich die beiden Gesprächspartner nicht sehr gut vertraut sind, kann es bei dieser Dechiffrierung zu erheblichen „Fehlinterpretationen" kommen.

Hierzu ein kleines Beispiel (siehe Abb. 2.6): Angenommen der Vorgesetzte verspürt bei einem Meeting mit mehreren Mitarbeitern ein leichtes Hungergefühl und möchte mit der Aussage „Es ist fünf vor zwölf!" auf die Zeit und seinen Wunsch verweisen, das Gespräch alsbald für eine Mittagspause zu unterbrechen. Kurz darauf verlässt er eilig und wortkarg das Zimmer. Die Mitarbeiter deuten die Aussage aber in Bezug auf ihre Leistungen und interpretieren diese so, dass der Vorgesetzte mit ihrer Arbeit überhaupt nicht zufrieden ist und die Sitzung aus Ärger über sein Team verlassen hat.

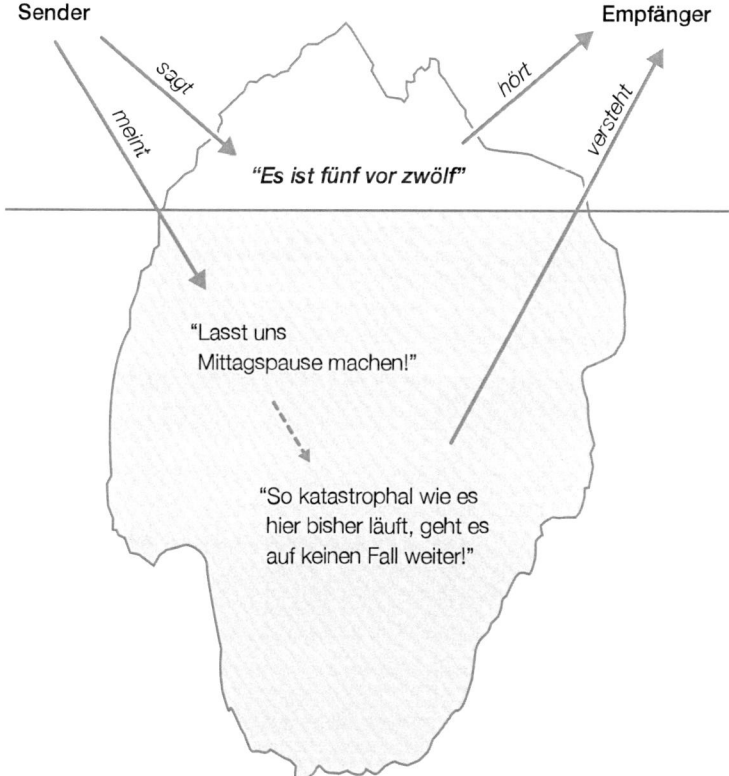

Abb. 2.6 Missverständnisse in der Kommunikation

Dies mag vielleicht ein etwas „überspitztes" Beispiel sein, aber kleine Fehl-interpretationen begleiten jede menschliche Unterredung. Wie sollte man also am besten mit komplizierten Emotionen umgehen? Zunächst einmal ist es hilfreich, Gefühle als unseren ständigen Begleiter zu akzeptieren. Kleine Missverständnisse und Gefühlsverwirrungen werden erst dann „lästig", wenn man sie als „über-flüssig" und „störend" empfindet und nicht als Hinweise auf unsere Menschlich-keit begreift.

Welche Gefühle Sie in einer Unterredung bewusst oder unbewusst offen-baren oder ansprechen, sollten sie dem Wesen des Gesprächs und vor allem der Situation angemessen entscheiden. Situationsgerecht bedeutet in diesem Zusammenhang auch, nur die Gefühle zu äußern, die aus den jeweiligen momen-tanen Umständen resultieren und beispielsweise nicht auf Ärgernisse aus früheren Begebenheiten zurückzugreifen.

Grundsätzlich kann das Zeigen von Gefühlen jedoch ein starkes Mittel in der mitarbeiterorientierten Gesprächsführung sein, da Sie mit dem Äußern Ihrer Gefühle Emotionen aufseiten Ihres Mitarbeiters wecken können. Außerdem ver-ringern positive Gefühlsäußerungen die Distanz zwischen den Gesprächsteil-nehmern. Zu guter Letzt wirken Sie durch das Äußern von Gefühlen authentisch, denn ihre Gefühle werden durch Ihr Gegenüber als glaubwürdig erlebt.

2.5   Vertrauen lohnt sich!

Zu einer mitarbeiterorientierten Kommunikation gehört auch, dass der Kanzlei-inhaber Vertrauen in seine Mitarbeiter setzt und diesen etwas zutraut. Diese Art von Zuversicht kann die Mitarbeiter zu höheren Leistungen beflügeln. Letzte-res wird auch als der sogenannte „Pygmalion- Effekt" oder „Galatea-Effekt" bezeichnet. Dieses Phänomen beschreibt, wie sich bestimmte Erwartungen auf die Leistungen und Entwicklungen eines Mitarbeiters auswirken können. Der Effekt kann als eine „erweiterte Variante" der „sich selbst erfüllenden Prophe-zeiung" betrachtet werden.

Das Phänomen wurde von den beiden Sozialpsychologen Robert Rosenthal[2] und Leonore Jacobsen im Rahmen eines Forschungsexperiments (Rosenthal 1971)

---

[2]Übrigens wurde dieser Versuch durch ein anderes Experiment von R. Rosenthal und K.L. Fode inspiriert, indem nachgewiesen wurde, dass die Erwartung von Versuchsleitern Ein-fluss auf den Ausgang des Experiments haben. Dieses vorausgegangene Laborexperiment wird als „Rosenthal-Effekt" oder „Versuchsleiter-Effekt" bezeichnet.

mit Grundschulkindern festgestellt und löste zunächst eine Kontroverse aus. Das Experiment stammt aus den Jahren 1965/1966, einer Zeit, in der John F. Kennedy sich für die Abschaffung der Diskriminierung bestimmter sozialer Gruppen in den USA einsetzte und dies zu seinem zentralen Wahlkampfthema gemacht hatte. Ein Sechstel der Kinder, die an dem Experiment teilnahmen, war mexikanischer Herkunft und verfügte über unterschiedlich gute Englischkenntnisse.

Im ersten Schritt führten die Psychologen bei den Kindern einen IQ-Test durch, ohne den Kindern oder Lehrkräften die wahre Natur des Experiments (zunächst) zu offenbaren. Vielmehr behaupteten sie, dass man bei dem Test ermittelt habe, dass bei etwa 20 % der Kinder, den sogenannten „Bloomers" („Aufblühern") in Kürze besonders gute Leistungen eintreten würden, da diese kurz vor einem Entwicklungssprung stehen würden.

In Wahrheit hatten die Psychologen jedoch die „Bloomers" zufällig per Los festgelegt. Nach acht Monaten wurde der Test mit den Kindern wiederholt. Das erstaunliche Ergebnis: Die als „Bloomers" identifizierten Kinder zeigten tatsächlich eine deutlich größere Intelligenz-Steigerung als die Kontrollgruppe der Nicht-„Bloomers". Rund 45 % der als „Bloomers" ausgewählten Kinder konnten ihren IQ um 20 oder mehr Punkte steigern, weiteren 20 % gelang es, sich um sogar 30 % oder mehr Punkte zu verbessern. In späteren Studien wurde die Ergebnisse und das festgestellte Phänomen erneut mehrfach bestätigt.

Welchen Aussagewert hat dieses Experiment für Sie als Kanzleiinhaber? Geben Sie als Führungskraft Ihren Mitarbeitern überzeugende Ziele vor und trauen Sie diesen zu, dass sie schwierige Aufgaben bewältigen können, erhöhen Sie nicht nur das Leistungsvermögen Ihrer Mitarbeiter, sondern Sie stärken auch Ihre Akzeptanz im Team. Hierbei geht es nicht um eine clevere Form der Manipulation, sondern um eine positive Bestärkung Ihres Teams, um diese zu besonderen Leistungen anzuspornen. Natürlich dürfen Sie Ihr Gegenüber **nicht** überfordern, daher ist es wesentlich, dass Sie die potenzielle Leistungsfähigkeit Ihres Mitarbeiters sehr gut einschätzen können.

Um den Effekt nutzen zu können, ist es wichtig, dass der Vorgesetzte sich selbst zunächst einer Reflexionsschleife unterzieht und sich fragt, welche Eigenschaften er an dem Mitarbeiter verstärken und fördern möchte. Gelingt es Ihnen, Ihre Erwartungen an den Mitarbeiter gut zu kommunizieren, sodass der Mitarbeiter versteht, welches Verhalten Sie sich von ihm wünschen und ihm auch zutrauen, kann sich dies bereits motivierend auf seine Leistung auswirken.

Übrigens gibt es auch einen gegenteiligen Effekt: Der sogenannte „Golem-Effekt" beschreibt das Phänomen von sinkenden Leistungen auf ein unterdurchschnittliches Niveau, wenn Führende an ihr Team zu geringe Erwartungen stellen, zu wenig loben und im Umgang mit den Mitarbeitern zu wenig Aufmerksamkeit zeigen. Hier sei noch einmal erwähnt (siehe Abschn. 2.2), wie wichtig es für die Leistungskraft eines Teams ist, dass entweder der Kanzleiinhaber oder eine andere Person die Aufgabe der mitarbeiterorientierten Kommunikation und Motivation wahrnimmt.

Der „Pygmalion-Effekt" kann sich auch bei Bewerbungsgesprächen stark auswirken. Alle Vorinformationen – informelle und formelle – sind geeignet, die Wahrnehmung der Qualifikationen und Kompetenzen eines Aspiranten nachhaltig zu verzerren. Je nach den vorab geformten Überzeugungen, kann der Bewerber erheblich schlechter oder besser beurteilt werden. Hier bieten die **Systematisierungen der Prozesse** durch einheitliche Beurteilungskriterien, standardisierte Fragen etc. sowie eine Entscheidungsfindung in einem mehr-Augen-Prinzip gute Abhilfe. Näheres zur Durchführung von Bewerbungsgesprächen erfahren Sie in Abschn. 5.1.

2.6   Zwischenfazit

Mitarbeitergespräche beinhalten mehr Komplexität, als man vielleicht zunächst vermuten würde. Bevor man sich als Kanzleiinhaber in wichtige Gespräche begibt, ist es daher wichtig, sich mit seiner Leitungsrolle auseinanderzusetzen und zu entscheiden, wie man diese Aufgabe wahrnehmen möchte. Da sich Gefühle auch aus einem betriebsinternen Gespräch niemals ganz verbannen lassen, sollte man Klarheit darüber erlangen, welche Gefühle in der eigenen Brust gerade schlummern.

Erst auf der Basis eines gestärkten Selbstverständnisses kann ein Vorgesetzter seinem Team in einem mitarbeiterorientierten Gespräch begegnen, das die Mitarbeiter gleichrangig mit dem Gesprächsgegenstand in den Mittelpunkt rückt. Positive Verstärkung und Vertrauen in die Leistungskraft des Mitarbeiters sind grundsätzlich geeignete Mittel, um die Produktivität des Teams zu steigern, gleichzeitig setzen sie jedoch die Gabe zu einer realistischen und wohlwollenden Einschätzung aufseiten des Führenden voraus.

Das Vorhandensein von *allgemeinmenschlichem Interesse, Wohlwollen und Empathie* sind essenzielle Grundvoraussetzungen, um einen mitarbeiterorientierten Führungsstil und eine entsprechende Kommunikation in der Kanzlei umzusetzen und tief zu verankern. Darüber hinaus beansprucht diese Form von Kommunikation und Führung auch Zeit, doch es lohnt sich: Durch eine mitarbeiterorientierte Ausrichtung Ihrer Kanzlei verbessern Sie nicht nur Ihr Verhältnis zu ihrem Team und die allgemeine Zusammenarbeit, sondern Sie beugen zudem Konflikten vor und lernen ihre Mitarbeiter besser kennen.

Literatur

Hossiep, R., Bittner, J., & Berndt, W. (2008). *Mitarbeitergespräche: motivierend – wirkam-nachhaltig* (S. 17). Göttingen: Hogrefe Verlag.

Neuberger, O. (1996). *Miteinander arbeiten – miteinander reden. Vom Gespräch in unserer Arbeitswelt* (15 Aufl.). München: Bayrisches Staatsministerium für Arbeit und Sozialordnung.

Rosenthal, R., & Jacobson, L. (1971). *Pygmalion im Unterricht: Lehrererwartungen und Intelligenzentwicklung der Schüler* (S. 118 ff.). Weinheim: Beltz.

Von Thun F., Ruppel J., & Stratman R. (2017). *Miteinander reden: Kommunikationspsychologie für Führungskräfte* (18. Aufl., S. 33 ff.). Hamburg: Rowohlt Taschenbuch.

Grundlagen der Gesprächsführung

3

Dieses Kapitel behandelt die Frage, warum eine mitarbeiterorientierte Kommunikation und Führung gerade in Steuerkanzleien so wichtig ist. Nachdem Ihnen Kap. 2 die Grundlagen der Kommunikationspsychologie vorstellte, tauchen wir nun in Kap. 3 sogleich in „medias res" – in die Gesprächsgestaltung selbst ein. Mitarbeitergespräche sind komplexe Kommunikationsprozesse, in denen nicht nur Informationen vermittelt und Vorgänge gelenkt, sondern auch das Gesprächsklima reguliert wird. Das konstruktive Gespräch basiert jedoch auf einigen Voraussetzungen, bei denen das gegenseitige Vertrauen eine wesentliche Rolle spielt. Dieses ist immer dann stark gefährdet, wenn eine Diskrepanz zwischen den in dem Gespräch bezogenen Positionen und Haltungen und dem tatsächlichen Führungs- beziehungsweise Arbeitsstil erlebt wird.

Jedes offizielle Mitarbeitergespräch sollte ein konkretes Ziel verfolgen und entsprechend inhaltlich durch den Kanzleiinhaber oder Vorgesetzten vorbereitet werden. Es wäre für alle Beteiligten unangenehm, wenn bei einem offiziellen Mitarbeitergespräch der Initiator der Konsultation nicht auf den Punkt kommt, das Gespräch keinen roten Faden aufweist oder sich zerfasert. Gleichzeitig ist es von Vorteil, nicht gleich mit „der Tür ins Haus zu fallen" und zunächst das richtige Gesprächsklima herzustellen. Daher ist es hilfreich, vor dem Gespräch sowohl das Gesprächsziel zu definieren, den gewünschten Gesprächsaufbau zu entwickeln oder einen Gesprächsleitfaden bereits im Kopf zu haben.

Dieser Leitfaden wird in der Regel grob folgendermaßen aussehen: Am Anfang stellen Sie sicher, dass Ihr Gegenüber oder Ihr Team sich auf den Inhalt des Gesprächs einstellen kann, also nicht abgelenkt oder mit anderen Dingen beschäftigt ist.

Nachdem Sie alle relevanten Fakten erwähnt haben, räumen Sie Ihrem Team genügend Gesprächszeit ein, um Veränderungen zu diskutieren und einen Konsens zu ermitteln, um mit einem positiven Gesprächsabschluss schließlich die

© Springer Fachmedien Wiesbaden GmbH, ein Teil von Springer Nature 2018
T. Siegel, *Mitarbeitergespräche in Steuerkanzleien*,
https://doi.org/10.1007/978-3-658-21875-1_3

Unterredung zu beenden. Insgesamt unterteilt sich ein Mitarbeitergespräch folglich in fünf grobe Phase: Begrüßung, Ansprechen des Sachgegenstands (mit
eventueller Informationsgabe), Gedankenaustausch/Diskussion, gemeinsame Entscheidungsbildung und Abschlussphase.

3.1 Gesprächsvorbereitung und Festlegung des Gesprächsziels

Nicht alle Gespräche benötigen das gleiche Ausmaß an Vorbereitung. In der
Regel wird es ausreichend sein, wenn Sie vor dem Gespräch Ihr Gesprächsziel
festlegen und wissen, wie Sie Ihre Mitarbeiter auf den Gesprächsgegenstand ein-
stimmen, wie Sie diesen diskutieren und wie Sie einen guten Gesprächsabschluss
finden können. Diese Vorbereitung hilft Ihnen, dass die Gesprächsdauer in dem
vorgesehenen Rahmen bleibt, dass Sie in schwierigen Situationen nicht zu lange
auf der Beziehungsebene verharren und Ihre Gesprächsziele erreicht werden.

Fragen Sie sich also vorab selbst: Welche Art von Gespräch möchten Sie
führen und welche Art der Handlung oder des Zustands wünschen Sie sich als
Ergebnis Ihrer Unterredung? Überlegen Sie auch, welche Informationen der
Mitarbeiter benötigt, um das gewünschte Ziel nach dem Gespräch umsetzen zu
können. Benötigt Ihr Team hierzu besondere Kenntnisse und Fähigkeiten? Sind
diese bereits vorhanden oder müssen sie zunächst erworben werden – beispielsweise auch durch Gewinnung eines Selbstständigen/Freelancers für bestimmte
Aufgaben? Welche Handlungen oder welche Informationen möchten Sie im
Anschluss an die Besprechung von Ihrem Team erhalten?

In komplizierten Situationen kann es zudem hilfreich sein, sich zu überlegen,
mit welchem Maximal- und Mindestziel das Gespräch enden sollte. Eventuell
empfiehlt es sich, darüber hinaus auch ein Alternativziel festzulegen, falls das
Eintreten des Mindest- und Maximalziels fraglich ist.

Das Einstellen auf den Gesprächspartner
Wie bereits in Kap. 2 erörtert, finden Gespräche grundsätzlich immer auf zwei
Ebenen statt: der Sach- und der Beziehungsebene. Aus diesem Grund beziehen
Sie im zweiten Schritt Ihrer Vorbereitung die Person Ihres Gegenübers gedanklich
mit ein. Wie wird Ihr Gegenüber voraussichtlich auf den Gesprächsgegenstand
reagieren? Welche Emotionen könnten das ausgewählte Thema auslösen und
wie werden Sie auf mögliche Gefühlsäußerungen reagieren? Gibt es bestimmte
Einwände, mit denen typischerweise im Umgang mit dem Thema zu rechnen ist?
Welche Erwartungen verbinden Ihre Mitarbeiter mit dem Gesprächsgegenstand?

Wenn Sie Ihr gegenüber in Ihre Gedankengänge vorab miteinbeziehen, minimieren Sie die Möglichkeit, dass sie während des Gesprächs durch unerwartete Reaktionen „überrumpelt" werden. Sollten Sie tatsächlich einmal von „aufbrausenden Gefühlsstürmen" Ihres Gegenübers überrascht werden, lassen Sie sich nicht entmutigen oder gar zu halbherzigen Entscheidungen um des „lieben Friedens" willen hinreißen, von denen Sie selbst nicht überzeugt sind. Verlegen Sie die Besprechung stattdessen auf einen anderen Termin und bereiten Sie die Unterredung entsprechend umfassend vor.

Umso besser und belastbarer Ihr Verhältnis zu dem jeweiligen Mitarbeiter ist, desto schneller können Sie die Besprechung auf die Sachebene lenken. Ein gut geplantes Gespräch lässt sich in der Regel effizienter und lösungsorientierter führen, da die Unterredung weniger Gefahr läuft, auf „Nebengleise abzugleiten".

▶ **Leitsatz** Nehmen Sie sich unbedingt vor schwierigen Gesprächen ausreichend Zeit für die Vorbereitung. Gehen Sie Ihren eigenen Standpunkt durch und überlegen Sie, welche Informationen Sie in dem Gespräch präsentieren und welche Sie erfragen wollen. Machen Sie sich klar, welche Ziele Sie in dem Gespräch erreichen wollen und zu welchen Kompromissen Sie eventuell bereit sind. Wenn Sie die eigenen Argumente, Ziele und Grenzen klar definieren, können Sie diese ebenso klar im Gespräch vertreten.

Der Fokus auf das Gesprächsziel

Grundsätzlich besteht die Gefahr, ein Gespräch mit zu vielen Themen zu überladen, daher ist es zu empfehlen, sich bei jeder Unterredung auf ein oder wenige Ziel(e) zu fokussieren. Auf diese Weise stellen Sie sicher, dass Ihre finale Handlungsempfehlung nicht durch weitere Botschaften verwässert wird. Selbstverständlich setzt diese Vorgehensweise eine entsprechende Priorisierung der zu besprechenden Inhalte durch den Führenden voraus.

3.2 Gesprächsankündigung

Offizielle Mitarbeitergespräche sollten den Mitarbeitern gegenüber stets mit einem angemessenen zeitlichen Vorlauf angekündigt werden. Die Ankündigung schließt den Gesprächsgegenstand und -ort mit ein. So kann der Mitarbeiter den Termin nicht nur vorab in seinem Arbeitstag gut einplanen, sondern sich auch innerlich auf das Gespräch einstellen. Dies ist selbstverständlich nur dann möglich, wenn die Unterredung nicht zu kurzfristig angesetzt wird.

Für manche Unterredungen ist es zusätzlich empfehlenswert, wenn auch der Mitarbeiter Gelegenheit erhält, sich auf das Gespräch vorzubereiten. In diesen Fällen bitten Sie Ihren Mitarbeiter vorab, einige Gedanken zu dem Gesprächsthema vorbereiten.

▶ **Leitsatz** Achten Sie möglichst stets darauf, Ihre Mitarbeitergespräche an einem geeigneten Ort, mit genügend Zeit und (erst) mit allen notwendigen Fakten anzusetzen. Sorgen Sie dafür, dass Sie an dem Ort möglichst nicht gestört oder unterbrochen werden.

3.3   Die Eröffnung des Gesprächs

Das Mitarbeitergespräch kann auf vielerlei Art eröffnet werden. Sie können eine längere oder kurze Einleitung geben und persönlich oder eher formell in das Gespräch einsteigen. Dies hängt natürlich vom Gesprächsgegenstand ab, ob dieser eine längere fachliche Einleitung benötigt. Da ich mit meinen Mitarbeitern im hohen Maße vertraut bin, bevorzuge ich grundsätzlich den persönlichen Einstieg. Prinzipiell sollte man die Gesprächseröffnung jedoch immer so kurz wie nötig halten, damit Sie die Aufmerksamkeit Ihrer Zuhörer nicht durch ausschweifende Ausführungen überstrapazieren.

Eine gute Gesprächsatmosphäre herstellen
Gerade in einer kleinen Unterredung zu zweit ist es wichtig, als Kanzleiinhaber oder Vorgesetzter Initiative zu zeigen und auf den Mitarbeiter zuzugehen. Sprechen Sie Ihr Gegenüber mit dem Namen an und nehmen Sie Blickkontakt auf. Zeigen Sie sich in dem Gespräch ruhig ein wenig von Ihrer persönlichen Seite und gehen Sie zudem auf die Bedürfnisse Ihres Mitarbeiters ein. Umso mehr Sie in dem Gespräch im Einklang mit sich selbst – in Selbstkongruenz – handeln, desto authentischer werden Sie auch von Ihrem Gegenüber wahrgenommen.

In der Regel werden Sie Ihrem Gegenüber bereits bei der Terminankündigung mitgeteilt haben, was der Gesprächsgegenstand sein wird, sodass Sie nach der Begrüßung auf diesen hinlenken können. Nachdem Sie den sachlichen Gesprächsgegenstand umrissen haben, zeigen Sie dem Mitarbeiter auf, an welchem gemeinsamen Ziel Sie mit ihm arbeiten möchten.

3.4 Die Durchführung des Gesprächs

Eine klare Gliederung, Einfachheit und Kürze der von Ihnen vorgetragenen Inhalte trägt zur Verständlichkeit und Prägnanz bei. Vermeiden Sie möglichst zu „monologisieren"; ergänzen Sie Ihre Ausführungen falls notwendig mit Beispielen und verwenden Sie eine möglichst anschauliche Sprache.

Eine Übersicht über wichtige Elemente einer klaren und verständlichen Sprache finden Sie in der Übersicht von Abb. 3.1. Redepausen werden hierbei typischerweise vor oder nach wichtigen Aussagen im eigenen Redefluss vorgenommen.

Nehmen Sie sich bei dem Gespräch immer Zeit, um die Anliegen Ihres Mitarbeiters anzuhören und ermutigen Sie ihn fortzufahren, wenn er zu sprechen beginnt und greifen Sie seine Schilderung möglichst auf. Führen diese Überlegungen

Struktur

- ▸ Übersicht über den Verlauf
- ▸ logischer Aufbau
- ▸ Bündelung der wesentlichen Punkte
- ▸ Eliminierung des Wesentlichen
- ▸ Zusammenfassung

Einfachheit

- ▸ kurzer Satzbau
- ▸ keine verschachtelten Sätze
- ▸ Anschaulichkeit
- ▸ Verwendung von Beispielen

Prägnanz

- ▸ auf das Ziel orientiert
- ▸ Kürze
- ▸ Verzicht auf unnötige Ausschmückungen

Beziehungsaspekt

- ▸ Bezugnahme auf den Gesprächspartner
- ▸ Motivierende Worte finden

Abb. 3.1 Verschiedene Mittel für eine klare und verständliche Sprache

von dem Gesprächsthema weg, gehen Sie nur kurz auf die Vorschläge ein und lenken dann auf das eigentliche Gesprächsziel zurück.

Manchmal ist es hierzu hilfreich, Zwischenergebnisse festzuhalten, um wieder an das Gesprächsziel anzuknüpfen. Vermeiden Sie es – falls möglich –, mehrfach in den Gesprächsverlauf stark einzugreifen, da sich Ihr Gegenüber hierdurch stark bevormundet fühlen kann. Dies gilt insbesondere, wenn sich der betreffende Mitarbeiter zu einem Gesprächspunkt äußern möchte, den Sie als nicht relevant betrachten. In meiner Kanzlei lasse ich meine Mitarbeiter grundsätzlich so lange sprechen, wie sie möchten und dies gilt doppelt, wenn ein bestimmter Aspekt für sie eine Herzensangelegenheit zu sein scheint.

Nach der Phase der gemeinsamen Entscheidungsfindung ist das Gespräch dann erfolgreich beendet, wenn man ein Ergebnis erzielt hat, das die Beteiligten akzeptieren können, alle Teilnehmer sich bei dem Gespräch respektiert und wohl gefühlt haben und die Gesprächsdauer einen angemessenen Zeitaufwand benötigt hat. Heben Sie zum Schluss der Unterredung nochmals die positiven Aspekte besonders hervor, bevor Sie sich bei den Mitarbeitern für das Gespräch oder für andere spezielle Gesichtspunkte bedanken. Beziehen Sie sich bei Ihrem Dank auf das konkrete Gespräch, dann wirkt Ihr Dank weniger „floskelhaft" und mehr authentisch.

3.5   Nachbereitung des Gesprächs

Nicht immer wird eine Gesprächsnachbereitung notwendig sein. Bei schwierigen Gesprächen bietet es sich jedoch an, eine kurze Notiz darüber anzulegen, ob die Gesprächsziele vollständig oder teilweise in der Unterredung erreicht wurden. Wurden bestimmte Ziele nicht erreicht, ist es von Vorteil, festzuhalten, welche Hindernisse den Konsens verhindert haben, wann das nächste Gespräch anberaumt werden sollte und welche Vorbereitungen bis dahin notwendig sind.

3.6   Allgemeine und spezielle Gesprächstechniken

In Mitarbeitergesprächen werden Sie regelmäßig allgemeine und spezielle Techniken anwenden, um Ihr Gesprächsziel zu erreichen und den Mitarbeiter zu überzeugen. In den folgenden Abschnitten stelle ich Ihnen einige dieser typischen zentralen Techniken im Einzelnen vor.

3.6.1   Allgemeine Gesprächstechnik: Aktives Zuhören

Die meisten Leute hören nicht zu, um zu verstehen: sie hören zu, um zu antworten. Entweder sie sprechen oder sie bereiten sich darauf vor, zu sprechen. Sie filtern alles durch ihre eigenen Paradigmen, lesen ihre eigene Autobiografie im Leben anderer (Stephen R. Covey 2017, Unternehmensberater und Autor).

Die Fähigkeit des Vorgesetzten, anderen Menschen Aufmerksamkeit zu schenken und zuzuhören, ist bei allen Mitarbeitergesprächen äußerst wichtig. Dies gilt besonders in der Steuerberatungs-Branche, da wir, die Berufsträger, uns sehr viel in Besprechungen aufhalten – beispielsweise, wenn wir „an der Front" beim Finanzamt sind – und überall reden wir viel, laut und gerne. Das fällt natürlich auch den Mitarbeitern auf und daher ist es in den gemeinsamen Unterredungen wichtig, zu zeigen, dass man nicht darauf besteht, stets im Zentrum zu stehen, sondern sich wirklich für das Team interessiert. Mit aktivem oder einfühlendem Zuhören ist in diesem Kontext ein Zuhören gemeint, das darauf gerichtet ist, den anderen zu verstehen, ohne auf diesen die eigenen Wertvorstellungen zu projizieren.

Nach meiner Ansicht ist die Fähigkeit zum aktiven Zuhören die zentrale Kompetenz, die eine mitarbeiterorientierte Führung und Gesprächsführung überhaupt erst ermöglicht. In Mitarbeitergesprächen sollte man nach meiner Ansicht versuchen, zu 80 % zuzuhören und nur zu maximal 20 % selbst das Wort zu ergreifen, wobei die Prozentangaben nur als allgemeine Richtwerte betrachtet werden sollten. Nur wer seinen Mitarbeitern zuhört, erfährt alle wesentlichen Informationen, kann Missverständnisse vermeiden und lernt sein Gegenüber wirklich kennen. Indem Sie zuhören, bringen Sie zudem Ihre Wertschätzung gegenüber Ihrem Mitarbeiter zum Ausdruck und zeigen ihm, dass Sie seine Anliegen ernst nehmen.

In schwierigen Unterredungen ist aktives Zuhören und eine ruhige Gesprächsatmosphäre besonders notwendig. Dies kann beispielsweise der Fall sein, weil der Mitarbeiter persönliche Probleme hat oder sich ein komplizierter Vorfall ereignet hat. Tasten Sie sich gegebenenfalls schrittweise an den Sachverhalt heran, der dem Mitarbeiter Sorgen bereitet.

Urteilen Sie möglichst nicht vorschnell. Versetzen Sie sich stattdessen in die Situation Ihres Mitarbeiters und fragen Sie nach, beziehungsweise ermuntern Sie Ihren Mitarbeiter zum Weitersprechen. Auf diese Weise signalisieren Sie Ihr Interesse. Fassen Sie falls notwendig das Vorgetragene zusammen, um auf Basis dessen in den nächsten Gesprächsabschnitt einzutreten.

▶   **Leitsatz** Räumen Sie Ihrem Gesprächspartner möglichst viel Raum in dem Gespräch ein und begegnen Sie ihm mit viel Empathie.

3.6.2 Allgemeine Gesprächstechnik: Überzeugend argumentieren

In manchen Gesprächen zeigt sich, dass der Kanzleiinhaber und der Mitarbeiter einen Sachverhalt recht unterschiedlich beurteilen. Zwar hat der Vorgesetzte die Entscheidungsmacht, aber er möchte natürlich, dass der Mitarbeiter seine Entscheidung mitträgt und ihn daher für sein Ziel gewinnen. Sicher werden Sie mir zustimmen, dass der Vorgesetzte die Zustimmung seines Mitarbeiters durch seine Überzeugungskraft erlangen sollte.

Was ist der Unterschied zwischen überzeugen und überreden? Beim Überreden wird das Gegenüber durch diverse Techniken (Schmeichelei, Herausfordern, Entzug von Aufmerksamkeit oder Wohlwollen) manipuliert, um dessen Einvernehmen zu erringen. Das Problem: Die oben genannten Vorgehensweisen hinterlassen einen unangenehmen Nachgeschmack bei den Mitarbeitern. Sobald sie die Gelegenheit hatten, die Situation im Nachgang nochmals zu überdenken, bereuen sie ihre Zustimmung. Wie überzeugt man also stattdessen unter der Beachtung der Interessen aller Beteiligten?

Wenn Sie überzeugend argumentieren, werden die Sachverhalte gemeinsam analysiert und erörtert und schließlich eine Lösung gefunden, die für alle Beteiligten als vertretbar betrachtet wird. Um diese zu erreichen, bereiten Sie ihre Argumente hinsichtlich des Gesprächsziels vor und überlegen sich die Einwände, mit denen vonseiten des Teams zu rechnen ist. Wie bereits oben erwähnt, ist es in diesem Zusammenhang hilfreich, für sich ein Maximal- und Mindestziel sowie im gegebenen Fall ein Alternativziel zu definieren. Legen Sie Ihre Absicht offen dar, schließlich geht es Ihnen nicht darum, irgendwen zu „überrumpeln".

Führen Sie Ihre Argumente in steigender Reihenfolge an und behalten Sie sich ein paar gute Argumente für die Schlussdiskussion vor. Berücksichtigen Sie die Sichtweisen Ihres Gegenübers und gehen Sie auf diese ein; gegebenenfalls richten Sie Ihre Argumentationskette entsprechend neu aus.

3.6.3 Allgemeine Gesprächstechnik: Die Fragetechnik

Anhand der Fragetechnik können Sie eine Unterredung eröffnen oder in Gang halten; sie ist ein wichtiges Werkzeug in der mitarbeiterorientierten Gesprächsführung. Meistens wird diese verwendet, um sich die notwendigen Informationen zu verschaffen. Doch es gibt vielfache weitere Anwendungsbereiche: Beispielsweise können Sie sich mithilfe der Fragetechnik zum nächsten Gesprächsabschnitt bewegen oder Sie helfen einem zurückhaltenden Mitarbeiter durch gezielte Fragen, seine Ansichten zu äußern. Grundsätzlich können Sie mit Fragen Ihr Interesse an den Auffassungen Ihres Gegenübers zeigen. Offene Fragen sind im Gegensatz zu geschlossenen Fragen (nur die Antworten Ja und Nein sind möglich) offensichtlich besser geeignet, um den Gesprächspartner stärker in die Unterredung einzubinden.

Leider birgt diese Technik auch einige Gefahren, wenn das Vertrauen zwischen den Gesprächsbeteiligten nicht ganz so ausgeprägt ist oder wenn sie nicht richtig verwendet wird. Zu viele Fragen empfindet das Gegenüber leicht als invasiv und „bohrend". Die Gesprächstechnik des Nachfragens ist nur dann erfolgversprechend, wenn sie aus einer *empathischen Grundhaltung* erfolgt. Empathie darf übrigens nicht mit Sympathie verwechselt werden. Sympathie ist letztendlich eine Form der inneren Bewertung, während Empathie ein wohlwollendes Einfühlen in die Empfindungen, Gedanken, Emotionen, Motive und Persönlichkeitsmerkmale einer anderen Person beschreibt – gerade ohne eine Bewertung vorzunehmen. Diese Empathie muss innerlich tief verankert sein, damit diese glaubwürdig auf das Gegenüber wirkt und von dem Mitarbeiter auch so wahrgenommen werden kann.

Vorsicht ist auch beim Umgang mit provokativen, suggestiven oder Kontrollfragen geboten, die ebenfalls schnell negative Gefühle bei dem Gegenüber auslösen können. Wenn Sie zudem zu viele Fragen auf einmal stellen, überfordern Sie Ihren Gesprächspartner möglicherweise mit dieser geballten Frageladung. Geben Sie Ihrem Gegenüber immer genügend Zeit zum Nachdenken und zum Formulieren der Antworten. Wägen Sie stets situationsbezogen genau ab, wie stark Sie die Fragetechnik einsetzen möchten.

3.6.4 Besondere Gesprächstechnik: Eine negative Grundstimmung beseitigen

Nicht immer haben Mitarbeitergespräche einen erfreulichen Anlass. Manche Kanzleiinhaber verspüren wenig Lust auf den verbalen Austausch mit ihrem Team, weil häufig Schwachstellen angesprochen werden und bewältigt werden müssen. Diese Prämisse birgt die Gefahr, dass das gesamte Gespräch von einer Grundnegativität überlagert werden könnte, die sich schließlich auf alle Gesprächsbeteiligten überträgt und sich demotivierend auf das Team auswirkt.

Lassen Sie am besten keine betrübte Stimmung aufkommen und führen sie das Gespräch lösungsorientiert. Hierbei gehen Sie idealerweise folgendermaßen vor:

1. Eröffnen Sie das Gespräch nicht gleich mit einem Hinweis auf den Missstand. Hierdurch gerät der Mitarbeiter schon zu Anfang des Gesprächs in eine defensive Haltung. Geben Sie ihm zunächst die Möglichkeit zu schildern, was in letzter Zeit aus Sicht Ihres Gegenübers besonders gut verlaufen ist. Erkennen Sie diese Leistung an, bevor Sie auf den Schwachpunkt zu sprechen kommen. Jetzt ist der Mitarbeiter nicht mehr ganz so „entblößt", denn er weiß, dass Sie nicht „nur schlecht" von ihm denken und er kann sich der Kritik leichter stellen. Sprechen Sie den Kritikpunkt möglichst sachlich und auf die konkreten Handlungsweisen bezogen an, ohne einen persönlichen Vorwurf zu erheben.

2. Umreißen Sie das Problem mit sachlichen Worten, aber dramatisieren Sie den Vorgang nicht. Auch wenn aus Ihrer Sicht der Mitarbeiter vielleicht nicht gleich die „genügende" Einsicht zeigen sollte, reicht es aus, dass Sie Ihren Standpunkt klarmachen ohne „darauf herumzureiten". Letzteres wäre ohnehin nur kontraproduktiv, da der Mitarbeiter entweder entmutigt werden könnte oder er eventuell Gefahr liefe, Zuflucht in einer Trotzhaltung zu nehmen.

3. Konzentrieren Sie sich auch angesichts von Fehlern auf die Lösungen und Stärken Ihres Mitarbeiters und vermeiden Sie (pauschale) „Schuldzuweisungen". Ihr Mitarbeiter hat zwar einen Fehler gemacht, aber nach bestem Gewissen gehandelt. Zeigen Sie ihm stattdessen auf, wie das Missgeschick in der Zukunft vermieden werden kann und bestärken Sie den Mitarbeiter darin, dass er die Aufgabe in der Zukunft bewältigen wird.

4. Achten Sie darauf, dass das Gespräch insbesondere mit einer positiven Aussage endet. Sprechen Sie daher den Fehler zum Schluss nicht nochmals an, sondern artikulieren Sie stattdessen, welches Verhalten Sie sich von dem Mitarbeiter wünschen. Gerade Ihre letzten Worte werden dem betreffenden Teammitglied besonders im Gedächtnis bleiben.

3.6.5 Besondere Gesprächstechnik: Selbstkundgabe

In manchen Gesprächsfällen ist es besonders wichtig, den in Kap. 2 beschriebenen Selbstkundgabe- Aspekt durch sogenannte „Ich-Botschaften" zu berücksichtigen. Diese „Ich-Botschaften" klären Ihr Gegenüber darüber auf, wie Sie zu einem Sachverhalt oder seinem Verhalten stehen beziehungsweise welche Emotionen dieses Verhalten bei Ihnen ausgelöst hat. Dies ist manchmal wichtig, um dem Gesprächsteilnehmer zu „spiegeln", wie dessen Handlungen von Ihnen aufgefasst werden.

Nehmen wir zum Beispiel an, Ihr Mitarbeiter hat die starke Neigung, allen anderen und auch Ihnen ständig ins Wort zu fallen. Tritt dieses Verhalten nun während Ihrer gemeinsamen Unterredung auf, könnten Sie ihn mithilfe einer „Du-Botschaft" zu einer anderen Verhaltensweise auffordern, indem Sie beispielsweise sagen: „Lassen Sie mich bitte ausreden" oder „Bitte unterbrechen Sie mich nicht".

Diese Vorgehensweise ist jedoch etwas distanziert. Teilen Sie den Sachverhalt mit einer „Ich-Botschaft" mit, erfährt der Mitarbeiter, wie es Ihnen mit seinem Verhalten konkret geht: „Ich finde es nicht sehr höflich/respektvoll ...". Auf diese Weise wird der Mitarbeiter daran erinnert, dass auch der Vorgesetzte nicht nur ein „Verantwortungsträger", sondern eben auch ein Mensch mit Gefühlen ist. Auf eine „Ich-Botschaft" kann das Gegenüber entsprechend reagieren und sich beispielsweise entschuldigen, während er einer „Du-Botschaft" vielleicht nur nachkommen würde und das Verhalten unterlassen würde. Durch diese Möglichkeit einer Bereinigung durch eine Entschuldigung *und* der weiteren Unterlassung des schädigenden Verhaltens kann das Verhältnis zwischen Ihnen und dem betreffenden Mitarbeiter nachhaltig verbessert werden, sodass Ihre gemeinsame Kommunikation in Zukunft positiver verläuft.

Prinzipiell ist es aus meiner Sicht aber unerlässlich, dass die Mitarbeiter dauerhaft keinerlei toxische Gesprächsverhalten (Kopfschütteln, Augen verdrehen, verächtliches „Schnauben", wenn andere sprechen sowie andere Formen der Geringschätzung) zeigen, da diese Verhaltensweisen schnell die Atmosphäre des gesamten Teams „vergiften" kann. Daher ist die richtige Personalauswahl – wie bereits in Abschn. 1.3 erläutert – das wesentliche Fundament einer erfolgreichen und guten Zusammenarbeit.

3.7 Zwischenfazit

Mitarbeitergespräche sind komplexe Kommunikationsvorgänge und bedürfen gelegentlich einiger Vorbereitung, in der Sie den Gesprächsgegenstand, -ort und Ihre Gesprächsziele festlegen und sich auf das Gespräch und Ihr Gegenüber innerlich einstellen. Offizielle Mitarbeitergespräche sollten dem betreffenden Mitarbeiter stets vorher angekündigt werden, damit auch er sich ebenfalls auf die Unterredung einstellen kann.

Der Gesprächsverlauf umfasst typischerweise fünf Phasen: Begrüßung, Ansprechen des Sachgegenstands, Gedankenaustausch/Diskussion, gemeinsame Entscheidungsbildung und Abschlussphase. Achten Sie bei der Unterredung auf die Prägnanz, eine verständliche Struktur und sprachliche Schlichtheit. Vor allem ist aber wichtig, die Bedürfnisse des Gesprächspartners zu berücksichtigen und mit diesem in einen echten menschlichen Austausch zu treten. Nehmen Sie sich hierfür möglichst immer die notwendige Zeit und sparen Sie nicht mit Lob und Anerkennung für alle Leistungen und Anstrengungen Ihres Mitarbeiters.

Die Fähigkeit, sich selbst in dem Gespräch zurückzunehmen, um dem Mitarbeiter seine volle Aufmerksamkeit zu schenken und aktiv zuzuhören, ist meiner Ansicht nach in diesem Zusammenhang von höchster Bedeutung.

Literatur

Covey, S. R. (2017). *Die 7 Wege zur Effektivität* (41. Aufl., S. 282). Offenbach: Gabal Verlag.

Besondere Herausforderungen für die Kommunikation in Steuerkanzleien

4

Die Mitarbeiter einer Steuerkanzlei tragen im Gegensatz zu anderen Branchen eine besonders hohe Verantwortung. Täglich unterstützen sie alle Prozesse der Kanzlei, sollen die Innovation und Neuerungen mittragen und sich ständig fortbilden. Außerdem stehen sie in permanentem Kontakt mit den Behörden und Mandanten und erhalten dabei detaillierte, tiefe Einblicke in die persönliche und wirtschaftliche Lage ihrer Mandanten. Die Kommunikation einer Steuerkanzlei muss dieser speziellen Verantwortung des Teams Rechnung tragen, um von diesem als konvergent und glaubwürdig wahrgenommen zu werden.

Dieses Kapitel behandelt einige der typischen Herausforderungen für die Kommunikation von Steuerkanzleien und stellt Ihnen konkrete Lösungsansätze zur Überwindung dieser Klippen vor.

4.1 Externe und interne Kommunikation

In Steuerkanzleien besteht – wie bereits in Kap. 1 erwähnt – der Sonderfall, dass fast die gesamte externe Kommunikation durch die Angestellten erfolgt. In meiner Kanzlei nehmen wir den Teamgedanken sehr ernst und achten darauf, dass jeder Mitarbeiter „seinen" Anteil des Außenkontakts selbst übernimmt. Auf diese Weise kann der betreffende Mitarbeiter nicht nur seine Leistung darstellen, sondern er erhält auch das positive Feedback und die entsprechende Anerkennung. Nach meiner Ansicht haben unsere Mitarbeiter so mehr Spaß und erhalten nicht nur von ihren Vorgesetzten, sondern auch von den Mandanten ein positives Feedback. Im Falle eines Missgeschicks steht der Mitarbeiter hierfür gleichermaßen selbst gegenüber dem Mandanten ein und kann sich nicht hinter dem Kanzleiinhaber verstecken; auch dies stärkt die Eigenverantwortung des Mitarbeiters.

© Springer Fachmedien Wiesbaden GmbH, ein Teil von Springer Nature 2018
T. Siegel, *Mitarbeitergespräche in Steuerkanzleien*,
https://doi.org/10.1007/978-3-658-21875-1_4

Grundsätzlich zielt die interne Kommunikation darauf ab, die Identifikation der Mitarbeiter mit der Kanzlei zu erhöhen, da sie diese in der externen Kommunikation nach außen tragen. Zudem führt eine hohe Identifikation mit dem Unternehmen zu mehr Leistungsbereitschaft und Eigeninitiative, während eine fehlende Kommunikation schnell Vertrauensverluste gegenüber der Kanzleileitung auslöst. Dies bedeutet, dass auch unpopuläre Entscheidungen schnell und authentisch kommuniziert werden müssen, da das Team ansonsten von Gerüchten verunsichert werden könnte. Selbstverständlich müssen alle Belange der Mitarbeiter im Rahmen der mitarbeiterorientierten Kommunikation angehört und – soweit möglich – berücksichtigt werden. Nur wenn der Kanzleiinhaber oder Vorgesetzte die Bedürfnisse seiner Mitarbeiter ernst nimmt, kann er deren Vertrauen erwerben.

Grundsätzlich sollte eine *starke Kongruenz zwischen der internen und externen Kommunikation* bestehen, denn nur dann können die Mitarbeiter diese glaubwürdig nach außen vertreten. In keinem Fall sollte die Kommunikation einseitig gestaltet sein, sondern die Kanzleileitung sollte regelmäßig das Feedback der Mitarbeiter einholen, um eventuellen Diskrepanzen entgegenzuwirken. Grundsätzlich ist die gesamte interne und externe Kommunikation immer eine *bewusste Gestaltung* und sollte als solche auch genutzt werden.

Doch wie genau sieht die Haltung zur Kommunikation innerhalb einer Steuerkanzlei aus und wie wird tatsächlich miteinander gesprochen?

4.2   Verschiedene Gesprächsstile in Steuerkanzleien

Der Gesprächsstil eines jeden Menschen basiert auf dessen innerer Haltung. Welche Wirkung ein Mitarbeitergespräch zeigt, ist daher stark davon abhängig, welchen Gesprächsstil der Führende beziehungsweise Kanzleiinhaber wählt. Hierbei lassen sich verschiedene Gesprächstypologien identifizieren. Da dieser jedoch stark durch die Persönlichkeit des Sprechenden geprägt wird, kann dieser Gesprächsstil in der Regel nicht einfach frei gewählt werden. Trotzdem ist es hilfreich, sich klar zu machen, welchen Gesprächsstil man verwendet, um den eigenen Einfluss auf den Gesprächsverlauf entsprechend reflektieren zu können.

Die Grundtypologien orientieren sich an dem von Friedemann von Thun entwickelten Wertequadrat (siehe Kap. 2) und unterscheiden sich zwischen zwei verschiedenen Dimensionen:

1. Das Lenken des Vorgesetzten

und

2. Das Berücksichtigen der persönlichen Belange des Mitarbeiters.

In fast allen Gesprächen findet eine Mischung zwischen Lenkung und Berücksichtigung der Mitarbeiterbedürfnisse statt, doch sie unterscheiden sich wesentlich in der Gewichtung dieser Parameter (siehe Abb. 4.1). Gesprächsstile, in denen der jeweils andere Aspekt kaum ausgeprägt ist, sind das direktive und das non-direktive Gespräch. Das direktive Gespräch zeichnet sich durch einen hohen Lenkungs-, Kontrollfaktor und Entscheidungswillen aus. Zwar mag das direktive Gespräch grundsätzlich zu einer hohen Betriebseffizienz beitragen, wie andere Autoren stark betonen (Hossiep et al. 2008), dennoch halte ich diesen Gesprächsstil für Steuerkanzleien für nicht geeignet, da er nicht mit der hohen Verantwortung vereinbar ist, die die Angestellten einer Steuerkanzlei täglich tragen. Da direktive Gespräche von dem Team schnell als Bevormundung aufgefasst

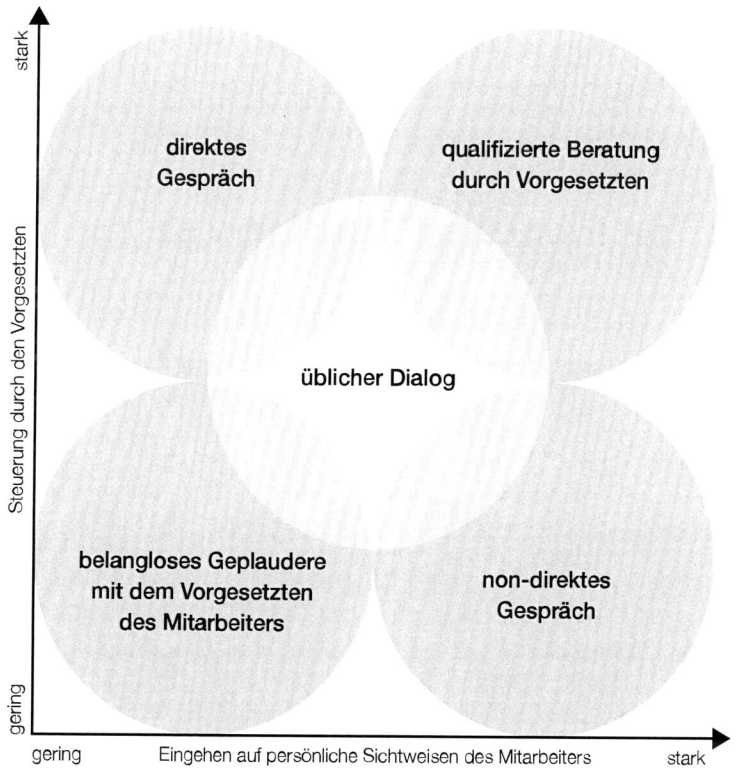

Abb. 4.1 Verschiedene Gesprächsstile

werden können, können diese die Bereitschaft zur Eigenverantwortung mindern. Direktive Gespräche wirken sich häufig demotivierend auf die Mitarbeiter aus, da sie ihre eigenen Belange bagatellisiert sehen. Außerdem besteht die Gefahr, dass die Mitarbeiter den direktiven Gesprächsstil ihrerseits gegenüber den Behörden und Mandanten anwenden und hiermit eine Übereinstimmung des Außenauftritts der Kanzlei mit dem „Innenleben" herstellen.

In non-direktiven Gesprächen nimmt der Vorgesetzte sich hingegen sehr stark zurück und berücksichtigt die Bedürfnisse des Mitarbeiters. Dieser Gesprächsstil ist das zentrale Instrument einer mitarbeiterorientierten Führung. Dies bedeutet nicht, dass der Führende keinerlei Lenkung vornimmt, sondern nur, dass diese nicht auf direktive Weise erfolgt. Vielmehr nimmt der Kanzleiinhaber oder Vorgesetzte die Anliegen des Mitarbeiters sehr ernst und erarbeitet mit diesem gemeinsam eine Lösung. Der Vorgesetzte nimmt in non-direktiven Gesprächen daher keineswegs eine passive Rolle ein, sondern er bindet den Mitarbeiter in die Lösungsfindung aktiv mit ein.

In Motivations- und Förderungsgesprächen geht der Kanzleiinhaber sogar noch einen Schritt weiter und agiert als Mentor oder Coach. Näheres über diese Art der Gespräche erfahren Sie in Kap. 6.

4.3   Gemeinsame Zielvereinbarungen in non-direktiven Gesprächen

Zielvereinbarungen sind das zentrale Instrument eines non-direktiven, mitarbeiterorientierten Gesprächsstils. Als Kanzleiinhaber haben Sie klare Vorstellungen, welche Ziele Sie von Ihren Mitarbeitern umgesetzt haben möchten. Viele dieser Vorstellungen sind bereits in die Stellenbeschreibungen der jeweiligen Positionen Ihrer Mitarbeiter eingeflossen. Aber wie setzen Sie diese Ziele um, ohne diese dem Mitarbeiter in einem direktiven Gespräch „überzustülpen"?

Zielvereinbarungen werden gemeinsam erarbeitet, sie sind keine „einseitigen Erwartungen" wie die Stellenbeschreibung. Zielvereinbarungen werden gemeinsam erarbeitet und *nicht* (direktiv) vorgegeben. Der betreffende Mitarbeiter kann auf diese Weise seine eigenen Vorstellungen, Bedürfnisse und Wünsche miteinbringen. Zudem sind Stellenbeschreibungen häufig sehr abstrakt formuliert, während Zielvereinbarungen die Anforderungen konkret beschreiben und einen Zeitraum festlegen, in dem ein bestimmtes Ergebnis von dem Mitarbeiter erwartet wird. Der Mitarbeiter kann anschließend sein Handeln entsprechend neu ausrichten und so die Ziele umsetzen.

Die Erstellung von Zielvereinbarungen darf den Mitarbeiter nie überfordern, sondern sollte motivierend und fördernd wirken. Der Kanzleiinhaber oder Vorgesetzte wirkt in diesem Prozess als eine Art Mentor, der das wahre Leistungsvermögen des Mitarbeiters erkennt, dieses mit den Bedürfnissen und Interessen des betreffenden Mitarbeiters abgleicht, um dann in Zusammenarbeit mit ihm einen Aktionsplan zur Umsetzung dieser Potenziale zu entwerfen. Näheres zu dem Themenbereich Motivation erfahren Sie in Kap. 9.

Zudem liefert die gemeinsame Zielvereinbarung messbare Kriterien für die Beurteilung des jeweiligen Mitarbeiters. Legen Sie beispielsweise in der gemeinsamen Zielvereinbarung fest, dass der Mitarbeiter sich zukünftig wöchentlich mit vier Stunden in der Einarbeitung neuer Mitarbeiter engagieren möchte, kann dies nach dem angegebenen Zeitraum entsprechend überprüft werden.

Das obige Beispiel zeigt bereits, dass Zielvereinbarungen sehr konkret gefasst werden müssen, damit sie zu ebenso konkreten Ergebnissen führen. Pauschale Ziele wie zum Beispiel „Tun Sie Ihr Bestes" sind weder umsetz- noch überprüfbar. Achten Sie zusätzlich darauf, dass sich die verschiedenen Zielvorgaben nicht untereinander widersprechen oder anderen Aufgaben zuwiderlaufen.

Das zu erwartende Ergebnis darf nicht von der Mitwirkung eines anderen Mitarbeiters wesentlich abhängig sein, da der Mitarbeiter den Erfolg in diesem Fall nicht (allein) in der Hand hat. Der mitwirkende Mitarbeiter sollte stattdessen in die gemeinsame Zielvereinbarung miteinbezogen werden. Bei der späteren Bewertung sind die Interdependenz und deren Anteile an dem Erfolg entsprechend zu berücksichtigen.

Nachdem Sie gemeinsam mit dem Mitarbeiter die Zielvereinbarung vereinbart haben, ist es ratsam, diese schriftlich zu fixieren. Hierdurch bekommt die Vereinbarung mehr Verbindlichkeit und entfaltet ihre motivierende Wirkung.

4.4   Strategien der Konfliktvermeidung

Die meisten Konflikte unter den Mitarbeitern rühren weniger aus einer „schlechten Chemie" zwischen einzelnen Mitarbeitern, sondern in der Regel aus Strukturmängeln des Unternehmens. Diese Annahme setzt allerdings voraus, dass das Vorhandensein der notwendigen interpersonellen Fähigkeiten bei der Auswahl des Teams entsprechend überprüft wurde. Doch auch zwischenmenschlich begabte Mitarbeiter können schwerwiegende Organisationsmängel nicht ausgleichen. Typischerweise treten Konflikte unter den Mitarbeitern in Steuerkanzleien auf, wenn folgende Parameter vorliegen:

4.4.1 Problem: Konkurrenzdenken um die höchsten Umsätze

Ist ein Kanzleiinhaber vorrangig interessiert daran, dass seine Mitarbeiter den maximalen Deckungsbetrag erzielen und möglichst hohe Umsätze realisieren, wird er ein entsprechendes Konkurrenzdenken innerhalb des Teams in Kauf nehmen müssen. Die Maxime lautet: Wer am meisten Umsatz macht, ist in den Augen des Vorgesetzten der beste Mitarbeiter. Dieser Führungsstil geht häufig Hand in Hand mit einem hohen Perfektionsanspruch an die Mitarbeiter und einer autoritären Haltung. Zwar mag der Wettbewerb um die lukrativsten Mandate auf den ersten Blick als motivierende Maßnahme anmuten, doch bei einer genaueren Betrachtung offenbart dieser Führungsstil schnell seine Schwächen: Auf diese Weise werden Neid, Intrigen und Bösartigkeiten jeglicher Art die Tür weit geöffnet. Besonders fatal sind die Folgen, wenn für den ständigen Wettbewerb keinerlei verbindliche Regeln bestehen, sodass dem „Erfindungsreichtum" der Mitarbeiter bei der Jagd um die lukrativsten Mandate keine Grenzen gesetzt sind. Wer das Team aufeinander hetzt, muss sich nicht wundern, wenn er bald keines mehr hat. Daher rate ich von diesem Führungsstil nachdrücklich ab. Näheres zu einem Vergütungssystem, das sich motivierend auswirkt, ohne Konkurrenzdenken zu schüren, erfahren Sie in Kap. 10.

4.4.2 Problem: toxisches Verhalten wird belohnt

Ähnlich gefährlich kann es sich auswirken, wenn der Kanzleiinhaber oder Vorgesetzte toxisches Verhalten wie Denunzieren anderer Mitarbeiter, Schmeichelei oder Wegdrücken unbewusst oder bewusst fördert und hierdurch einen toxischen Wettbewerb um seine Gunst auslöst. Dieser führt bald zu einem nachhaltig vergifteten Betriebsklima, in dem eine vertrauensvolle Zusammenarbeit schlicht nicht mehr möglich ist. Eine Bereinigung des Klimas ist hiernach häufig – wenn überhaupt – nur noch mithilfe externer Beratung und Supervision möglich. Toxische Verhaltensweisen dürfen nicht nur *auf keinen Fall* belohnt werden, sondern vielmehr muss der Kanzleiinhaber klare Zeichen setzen, dass diese Verhaltensweisen ausnahmslos unerwünscht sind. Wird dieser Führungsstil konsequent vorgelebt, kann dieser durch eine entsprechende Personalauswahl weiter unterstützt werden.

4.4.3   Problem: die Mitarbeiter sind sich selbst überlassen

Nicht jeder Kanzleiinhaber fühlt sich berufen, die Organisation und eventuelle Verteilungskonflikte innerhalb des Teams zu lösen und verweist schlicht darauf, dass alle Beteiligten schließlich „erwachsen" seien. Letzteres ist zwar zweifellos zutreffend, ändert aber nichts an dem Regelungsvakuum, das durch das Nicht-Handeln des Vorgesetzten eintritt und schnell zu schweren Konflikten zwischen den Mitarbeitern führen kann.

Grundsätzlich ist es zwar sicher nicht möglich, alle Eventualitäten (zum Beispiel während einer Abwesenheit) zu regeln, doch falls eine Regelungslücke auftritt, sollte der Kanzleiinhaber oder Führende schnell zur Stelle sein, um alle Beteiligten anzuhören und alle „Beschwerden" aufzunehmen, um den Betriebsfrieden mit einer neutralen, allgemeingültigen Lösung wiederherzustellen. Hierbei sind das Er- und Anerkennen des Regelungsbedarfs manchmal schwieriger als die eigentliche Entscheidungsfindung. Auch aus diesem Grund ist es wichtig, im ständigen Gesprächskontakt mit Mitarbeitern zu stehen.

4.4.4   Problem: Frustration

Gerade zum Ende des Jahres können sich die Aufgaben anhäufen und die Arbeitstage länger werden. Hier ist Vorsicht geboten, denn wer häufig bezahlte oder gar unbezahlte Überstunden und monotone Aufgaben (die nicht rotiert werden) aufbrummt, wird sein Personal angesichts der heutigen Marktlage nicht halten können. Nimmt der Arbeitergeber aber eine höhere Fluktuation der Mitarbeiter bewusst in Kauf, schafft er hiermit zusätzlich eine Atmosphäre der mangelnden Wertschätzung. Die Folge sind in der Regel viele Krankheitsfälle, Überforderung und ein berechtigter Unmut der Mitarbeiter. Angesichts des für die Mitarbeiter sehr günstigen Arbeitsmarkts, ist dieser Führungsstil nicht geeignet, kompetentes Personal langfristig zu binden. Vielmehr ist es Aufgabe der Kanzleileitung, die Mitarbeiter zu motivieren und zu fördern und anhand eines angemessenen Systems zu vergüten (Sehen Sie hierzu Kap. 10).

4.5   Zwischenfazit

Damit Mitarbeitergespräche ihre volle Wirkung entfalten können und die Kommunikation in einer Steuerkanzlei erfolgreich gestaltet werden kann, müssen einige typische Herausforderungen für die Kommunikation in Kanzleien überwunden werden. Da die Mitarbeiter in der Regel den Großteil der externen Kommunikation zu bewältigen haben, ist eine starke Kongruenz zwischen dem internen und externen Auftreten des Unternehmens zu beachten und die Identifikation der Mitarbeiter entsprechend zu fördern. Ein starker direktiver Gesprächsstil widerspricht der hohen Eigenverantwortung der Mitarbeiter und könnte sich daher demotivierend auswirken. Darüber hinaus könnte der direktive Gesprächsstil durch die Mitarbeiter nach außen an die Behörden oder Mandanten getragen werden. Aus diesem Grund ist ein non-direktiver, mitarbeiterorientierter Gesprächsstil zu empfehlen, der die Anliegen der Mitarbeiter ernst nimmt und in die Lösungsentwicklung miteinbezieht. Die Vereinbarung von Zielvereinbarungen ist ein zentrales Instrument dieses Gesprächsstils. Diese Art der Kommunikation ist jedoch nur dann erfolgversprechend, wenn die innere Struktur der Kanzlei diese nicht – beispielsweise durch ein starkes Wettbewerbsgebot an die Mitarbeiter – unterläuft. Mithilfe der oben genannten Strategien zur Konfliktvermeidung können Sie die innere Ausrichtung Ihrer Kanzlei entsprechend überprüfen.

Literatur

Hossiep, R., Bittner, J., & Berndt, W. (2008). *Mitarbeitergespräche: motivierend – wirksam-nachhaltig* (S. 20–21). Göttingen: Hogrefe.

Teil II
Spezielle Mitarbeitergespräche

Gespräche im Rahmen der Personalauswahl

Die richtige Personalauswahl ist entscheidend, um eine gute Betriebsatmosphäre und einen mitarbeiterorientierten Führungsstil in der eigenen Steuerkanzlei überhaupt zu ermöglichen.

In der Regel findet die Personalauswahl in vielen Steuerkanzleien über Lebensläufe, Zeugnisse und Urkunden statt, sodass die Beurteilung auf Basis der zurückliegenden Leistungen erfolgt. Im Vordergrund stehen häufig nur die fachlichen Stellenanforderungen, während die interpersonellen Kompetenzen der Bewerber häufig nicht genügend ermittelt und berücksichtigt werden, obwohl diese für eine gute Zusammenarbeit das „A und O" sind.

Interpersonelle Fähigkeiten können nur schwer anhand der Aktenlage beurteilt werden, daher kommt dem Bewerbungsgespräch hier eine zentrale Rolle zu. Dieses Kapitel behandelt all die Gespräche, die den Einstieg, Verbleib und Ausstieg eines Mitarbeiters in der Kanzlei zum Gegenstand haben und zeigt Ihnen Handlungsmöglichkeiten auf, wie Sie mit schwierigen Personalsituationen umgehen können.

5.1 Das Bewerbungsgespräch

Das Ziel eines Bewerbungsgesprächs ist es, den besten Kandidaten herausfiltern, der optimal in Ihre Kanzlei passt. Bevor Sie das Bewerbungsverfahren beginnen, ist es wichtig, die Stelle möglichst präzise zu beschreiben. Hierzu muss der Kanzleiinhaber definieren, welche fachlichen Qualifikationen er von dem zukünftigen Stelleninhaber erwartet. In meiner Kanzlei nehmen meine Kanzleileiterin und ich diese Aufgabe stets gemeinsam vor. Wir überlegen zusammen,

© Springer Fachmedien Wiesbaden GmbH, ein Teil von Springer Nature 2018
T. Siegel, *Mitarbeitergespräche in Steuerkanzleien,*
https://doi.org/10.1007/978-3-658-21875-1_5

mit welchen Eigenschaften und Kompetenzen der ideale Kandidat ausgestattet sein sollte, um die Tätigkeit dauerhaft erfolgreich auszuüben.

Bei Einstellungsgesprächen verwenden wir weitgehend standardisierte Fragenkataloge, um sicherzustellen, dass die Gespräche nicht „stimmungsbedingt", sondern stets vergleichbar, sachlich und möglichst unbeeinflusst ablaufen. Diese Kataloge sind zwar nicht vollständig festgelegt, verfügen aber über eine klare Struktur und legen konkret umrissene Mindestanforderungen fest. Auf diese Weise tasten wir uns an den Kandidaten heran und erfragen beispielsweise, welche Erwägungen den Bewerber bewegt haben, seine vorherige Stelle zu verlassen und welche Vorstellungen er von der Tätigkeit bei uns in der Kanzlei hat. Auf diese Weise überprüfen wir vorab, ob wir diese Vorstellungen überhaupt erfüllen können.

▶ **Leitsatz** Standardisierte Fragenkataloge unterstützen Sie dabei, Auswahlgespräche möglichst vergleichbar zu gestalten.

Grundsätzlich müssen im Rahmen des Bewerbungsprozesses drei Fragen geklärt werden: Ist die fachliche Eignung gegeben? Welche Erwartungen hat der Bewerber an die Kanzlei? Passt er menschlich in das Team?

Die fachliche Eignung überprüfen wir in dem Bewerbungsgespräch allerdings kaum, denn diese lässt sich in der Regel den Unterlagen entnehmen. Im Übrigen gehen wir davon aus, dass der Kandidat sich eventuell fehlendes Wissen schnell aneignen kann, da er bereits die entsprechenden Vorkenntnisse besitzt. Das hierfür erforderliche „gewisse Grundrauschen" setzen wir bei jedem Kandidaten voraus, der bereits einige Jahre an Erfahrung in dem Berufsfeld aufweisen kann.

Wenn wir die *Soft Skills* eines Bewerbers ermitteln, ist es für uns eine wesentliche Einstellungsbedingung, dass der Kandidat sich ehrenamtlich engagiert. Ob dies im Sport, bei Rettungsdiensten, in der Politik oder in der Kultur erfolgt, ist unerheblich, für uns ist nur entscheidend, dass der Kandidat für eine Sache Enthusiasmus und Beharrlichkeit zeigt. Ein weiteres wichtiges Auswahlkriterium ist, ob der Bewerber sich zuvor über uns aktiv informiert hat und beispielsweise unsere Website oder den Facebook-Auftritt angesehen hat. Zeigt der Bewerber kein aktives Interesse, befürchten wir, dass die Stelle für ihn nur ein austauschbarer „Job" ist. In meiner Kanzlei ist es allerdings oft so, dass die Bewerber nicht nur hervorragend vorbereitet sind, sondern auch bereits einige der Kollegen kennen.

In dem Bewerbungsgespräch erläutern wir den Bewerbern die besonderen Anforderungen, die wir an unser Team stellen – insbesondere in den Bereichen Innovation und Digitalisierung. Alle meine Mitarbeiter pflegen ihre eigenen Spezialgebiete und veröffentlichen regelmäßig auf diesen Gebieten Fachartikel auf der Internetseite der Kanzlei.

Nachdem die erste Runde abgeschlossen ist und meine Kanzleileiterin und ich eine Einstellung des Bewerbers erwägen, gibt es eine zweite Runde. Zwei oder drei Personen aus dem Team führen mit dem Kandidaten ein weiteres Gespräch, in dem sie die speziellen Belange aus ihren Fachgebieten abfragen und sich allgemein-menschlich einen „zweiten Eindruck" verschaffen. Beispielsweise haben wir kürzlich die Stelle einer Sekretärin neu besetzt und vier exzellente Bewerberinnen in der ersten Runde ausgewählt, die meine Kanzleileiterin und ich alle als sehr gut geeignet empfanden. Anschließend haben wir den zwei Mitarbeitern des Sekretariats die finale Entscheidung überlassen. In dem zweiten Gespräch haben diese Mitarbeiter auf Basis ihrer eigenen Praxiserfahrung sehr genau nachgefragt und schließlich eine hervorragende Entscheidung getroffen.

Dieses zweite Gespräch findet immer ganz bewusst ohne die Kanzleileiterin und mich, den Kanzleiinhaber, statt, da wir unserem Team vertrauen und es an der finalen Entscheidung beteiligen möchten. Wer an diesem zweiten Gespräch teilnimmt, bestimmt sich nach der Berufserfahrung oder dem Tätigkeitsfeld. Durch die Teilnahme des Teams erreichen wir den schönen Nebeneffekt, dass die Personaleinstellung keine „einsame Chef-Entscheidung" ist, sondern durch die Mitarbeiter mitgetragen wird. Die Mitarbeiter übernehmen auf diese Weise einen Teil der Verantwortung für das Unternehmen, egal ob sie eine Leitungsfunktion innehaben oder nicht.

5.2 Die Bedeutung der Firmenwebsite und von Facebook für Bewerbungen

Die Website und andere soziale Medien sind ein wichtiges Instrument in der Personalakquise, da sich potenzielle Bewerber in der Regel dort über die Kanzlei informieren. Meines Erachtens ist es ein wenig unglaubwürdig, wenn man einen mitarbeiterorientierten Führungsstil vertreten möchte, aber auf der Website trotzdem nur die Berufsträger sichtbar macht, sodass das Unternehmen nur über die Firmenspitze von den Mandanten, den Behörden oder potenziellen Bewerbern wahrgenommen wird. Dies erscheint mir als ein gewisser Widerspruch. Daher präsentieren wir selbstverständlich unser gesamtes Team auf unserer Website – und das mit viel Stolz!

Manche Kanzleien stellen ihre Mitarbeiter nicht auf ihrer Website vor, da sie befürchten, dass diese von Headhuntern kontaktiert und abgeworben werden könnten. Meiner Ansicht nach ist es jedoch wichtiger, sein Vertrauen in das Team zu zeigen. Wenn man in der Kanzlei stark auf die Zufriedenheit aller achtet, erzielen eventuelle Abwerbungsversuche zudem keinerlei Erfolg.

Abb. 5.1   Facebookseite der Steuerkanzlei Dr. Siegel

Seit Neuestem haben wir auch einen Facebook-Auftritt der Kanzlei (siehe Abb. 5.1), was ein Wunsch der jüngeren Mitarbeiter war. Auf diese Weise versuchen wir, insbesondere jüngere Bewerber anzusprechen, die besonders über soziale Medien erreichbar sind. Natürlich achten wir darauf, dass wir auch auf diesem Kanal keine „sinnlosen" Bilder veröffentlichen, nur um eventuell *„Likes"* zu erhalten. Unsere *Social Media*-Strategie ist eine deutlich andere: Uns geht es ausschließlich darum, das Team und unsere Unternehmenskultur authentisch darzustellen. Daher posten wir neben fachlichen Neuigkeiten nur ganz ausgewählte Betriebsneuigkeiten. Beispielsweise veröffentlichen wir auf der Facebook-Seite dann eine Meldung, wenn einer unserer Mitarbeiter das Steuerberater-Examen abgelegt hat oder wenn wir einen gemeinsamen Ausflug unternommen haben.

5.3   Wie Sie neue Mitarbeiter einführen

Leider ist die Fluktuation von Mitarbeitern in vielen Steuerkanzleien sehr hoch. Oft entscheidet sich die Frage, ob ein Mitarbeiter langfristig in einer Kanzlei verbleibt, bereits in den ersten Wochen, wenn der Mitarbeiter sich besonders unsicher und ein wenig angreifbar fühlt. Die ersten Wochen sind für den neuen Mitarbeiter nicht einfach, denn er oder sie muss sich in eine neue Umgebung einfinden, neue

Aufgaben übernehmen und sich an neues Team gewöhnen. Nervosität ist in diesen Tagen selbstverständlich vorprogrammiert, sodass man kleinen ungewöhnlichen Verhaltensweisen (zum Beispiel eine gewisse „Hektik" oder Unruhe) oder kleinen Fehlern nicht zu viel Beachtung schenken sollte.

Um den Stress nicht weiter zu erhöhen, führe ich bei Eintritt eines neuen Mitarbeiters kein größeres formales Einführungsgespräch, sondern übergebe den neuen Mitarbeiter vertrauensvoll in die Hände meiner Mitarbeiter. Der neue Mitarbeiter wird von einem anderen Mitarbeiter als „Mentor" betreut, der ein verwandtes Fachgebiet betreut. Zudem kümmert sich meine Kanzleileiterin intensiv um die Neuankömmlinge. Hierzu gehört beispielsweise auch, dass der Arbeitsplatz bereits am ersten Tag für diesen bereitsteht. Wer seinen neuen Mitarbeitern am Anfang ein Provisorium überstülpt, grenzt diese hiermit ein wenig aus der Gruppe aus. Diesen Eindruck wollen wir bei den neuen Mitarbeitern auf jeden Fall vermeiden.

Anstelle eines Einführungsgesprächs spreche ich an den ersten Abenden mit neuen Mitarbeitern. In meiner Kanzlei ist es üblich, dass sich die Mitarbeiter abends kurz von mir verabschieden, bevor sie nach Hause gehen. Das hat vornehmlich organisatorische Gründe, denn so weiß ich, wer noch in der Kanzlei ist. Bevor die neuen Mitarbeiter abends gehen, sprechen wir immer noch ein paar Minuten. In der Zeit können sie mir erzählen, wie der Tag für sie lief, welche Unterschiede sie zu ihrer vorherigen Stelle bemerken oder was sie allgemein bewegt. Mich interessiert es beispielsweise, wie die Mitarbeiter zur Arbeit kommen und natürlich, ob es ihnen gut bei uns geht. Ein informelles Feedback erhalten die Mitarbeiter bei uns regelmäßig – eigentlich jede Woche. Auch hinsichtlich des Feedbacks ist es für uns wichtig, ständig im Gespräch zu bleiben. Näheres zu Feedbackgesprächen erfahren Sie in Kap. 6.

Vor Ablauf der Probezeit ist ein offizielles Feedbackgespräch natürlich ein Muss, aber dieses wäre als erstes Feedback viel zu spät. Ein Mitarbeiter, der sich 40 h in der Kanzlei engagiert, hat meines Erachtens ein Recht darauf zu erfahren, wie seine Arbeit von dem Vorgesetzten bewertet wird. Man darf nicht versäumen, den Mitarbeiter für seine Leistungen eine Rückmeldung zu geben und zu loben, da ihn das Ausbleiben von Feedback verunsichern oder demotivieren könnte. Gibt es Kritikpunkte, sollte man ebenfalls sofort reagieren, um die Arbeitsweise in die gewünschten Bahnen zu lenken. Die Probezeit wird bei uns zwar vertraglich stets auf sechs Monaten festgelegt, aber in der Regel beenden wir die Probezeit vorzeitig – im Sinne einer Fortführung des Arbeitsverhältnisses. Da wir sehr aufmerksam mit den neuen Mitarbeitern umgehen, wissen wir bereits früher, ob es „passt" und wollen schließlich nicht riskieren, dass sich der Mitarbeiter seinerseits – womöglich aufgrund der Unsicherheit – nach einer neuen Stelle umsieht.

▶   **Leitsatz** Regelmäßiges Feedback ist ein wichtiger Baustein für die
Zufriedenheit eines Mitarbeiters. Gerade neue Mitarbeiter benötigen
besondere Aufmerksamkeit und rechtzeitiges Feedback.

5.4   Das Kritikgespräch

Aufgrund unserer sorgfältigen Personalauswahl und da wir uns viel Zeit für
Feedback-Gespräche nehmen, muss ich zum Glück nur sehr selten Kritik-
gespräche führen, in denen ein Fehlverhalten im Zentrum steht. Nehmen wir
dennoch als Beispiel an, Sie hätten bei einem Mitarbeiter große Wissenslücken
auf einem bestimmten Fachgebiet festgestellt, das für seine Tätigkeit wesentlich
ist. Vielleicht ist dem betreffenden Mitarbeiter zudem nicht bewusst, dass seine
Kenntnisse in diesem Bereich nicht ausreichend sind. Nun gilt es, den Handlungsbedarf klar zu benennen, ohne den Mitarbeiter zu demotivieren.

Hierbei können Sie weitgehend auf die in den vorherigen Kapiteln besprochenen
Techniken (Abschn. 3.6.4 „Eine negative Grundstimmung beseitigen"/Abschn. 4.3
„Gemeinsame Zielvereinbarungen in non-direktiven Gesprächen") zurückgreifen.
Beginnen Sie das Gespräch nicht mit dem Mangel, sondern fragen Sie den Mitarbeiter zunächst danach, welchen seiner Arbeitsbereiche er aus seiner Sicht
besonders positiv beurteilt. Sprechen Sie anschließend den Punkt an, in dem Sie
noch Handlungsbedarf sehen und treffen Sie mit dem Mitarbeiter eine konkrete
Zielvereinbarung, bis wann und mit welchen konkreten Maßnahmen (zum Beispiel
durch Lesen von Fachliteratur, Teilnahme an einem Online-Kurs) er die Lücke zu
beseitigen plant. Achten Sie darauf, das Gespräch positiv und zuversichtlich zu
beenden, um den Mitarbeiter bei seinem Vorhaben zu bestärken (siehe Abschn. 2.6
„Vertrauen lohnt sich!").

▶   **Praxistipp aus der Steuerkanzlei Dr. Siegel** Manchmal werde ich
gefragt, ob sich meine Situation bei Konflikten oder Kritikgesprächen
„komplizierter" gestaltet, weil ich mit den Mitarbeitern einen sehr
persönlichen Kontakt pflege. Diese Frage kann ich ganz klar verneinen,
vielmehr gelingt es mir aufgrund des guten Verhältnisses besser,
einen guten Einstieg in diese Gespräche zu finden.

In meiner Kanzlei sind wir alle „per Du": diese Umstellung haben
wir vor zwei Jahren vorgenommen. Tritt der Fall der Erforderlichkeit
eines Kritikgesprächs ein, setze ich mich mit dem Mitarbeiter in eine
ungestörte Ecke und schlage beispielsweise vor: „Schauen wir uns
die Zahlen mal gemeinsam an, mir scheint, es gibt hier einen Fehler."

Wichtig ist es, sich stets eine unaufgeregte, sachliche und freundliche Grundhaltung zu bewahren und Kritikpunkte nicht vor anderen Mitarbeitern zu äußern, sodass sich der kritisierte Mitarbeiter womöglich bloßgestellt fühlt.

Als ich vor kurzem ein neues Zeiterfassungssystem in der Kanzlei eingeführt habe, erfreute sich dieses bei meinen Mitarbeitern zunächst nur sehr geringer Beliebtheit. Das Team fühlte sich eingeschränkt und hatte das Gefühl, dass sie ihre Arbeitsweise nicht mehr in der gewohnten Weise fortführen würden können. Vielmehr befürchteten sie, dass sie nun jeden Gang zur Toilette oder zur Kaffeemaschine vor dem System rechtfertigen müssten. Daher habe ich mir viel Zeit genommen, die Bedenken meiner Mitarbeiter anzuhören und auszuräumen. Schließlich konnte ich sie überzeugen, dass sie aufgrund des neuen Zeiterfassungssystems nichts an ihrer bisherigen Arbeitsweise umstellen mussten, sondern dass allein die Erfassung der Arbeitszeiten ein wenig anders als zuvor erfolgte.

5.5 Das Konfliktgespräch

Ein Konfliktgespräch wird dann notwendig, wenn ein Mitarbeiter ein für die Kanzlei störendes oder gar schädliches Verhalten zeigt. Dies kann beispielsweise sein, wenn er nach einem Kritikgespräch der Zielvereinbarung nicht nachkommt oder er ein toxisches oder missachtendes Verhalten gegenüber anderen Mitarbeitern zeigt. Überlegen Sie zunächst, ob das Verhalten des Mitarbeiters durch strukturelle Mängel bedingt sein könnte (siehe Abschn. 4.4 „Strategien der Konfliktvermeidung"). Wenn Sie den Verdacht haben, dass das toxische Verhalten durch das Verhalten von anderen Teammitgliedern mitverursacht wurde, scheuen Sie sich nicht, einen Dritten für eine Supervision des gesamten Teams miteinzubeziehen.

Liegt das Fehlverhalten beim dem betreffenden Mitarbeiter, machen Sie in dem Gespräch deutlich, welches andere, neue Verhalten Sie sich von ihm in Zukunft wünschen. Bleiben Sie auch dann beherrscht, wenn Sie sich über sein Gebaren innerlich ärgern. Trennen Sie innerlich bewusst die Person von dem Fehlverhalten (Sie ärgern sich über das Verhalten nicht über den Menschen, der schließlich auch andere, positive Eigenschaften besitzt.) Falls Sie eine Abmahnung aussprechen müssen, achten Sie dennoch darauf, das Gespräch möglichst zuversichtlich zu beenden.

▶ **Praxistipp aus der Steuerkanzlei Dr. Siegel** Wie bereits oben
erwähnt, sollte man bei Konflikten stets die zugrunde liegenden Strukturen einer genauen Prüfung unterziehen, um festzustellen, ob diese
die Konflikte auslösen. In einer Steuerkanzlei müssen – wie in jedem
anderen Unternehmen auch – die Prozesse ständig nachjustiert werden, keine Regelung wird alle Konflikte endgültig verhindern. Grundsätzlich muss man als Kanzleiinhaber das ständige Spannungsfeld
zwischen der Notwendigkeit von Flexibilität und dem Regelbedarf in
einen möglichst harmonischen Einklang bringen.

Betrachten wir beispielsweise die Stellenbeschreibungen der Mitarbeiter: Theoretisch könnte man diese so kleinteilig gestalten, dass
möglichst viele Tätigkeiten, die im Arbeitsalltag anfallen können,
vorab in dieser erfasst sind. Das Problem an dieser Vorgehensweise
ist jedoch, dass sich die Mitarbeiter infolgedessen auf die Stellenbeschreibung zurückziehen, wenn plötzlich ein Handlungsbedarf eintritt,
den ihre Stellenbeschreibung nicht vorsieht. Wenn ich beispielsweise
morgens mit dem Fahrrad zur Kanzlei komme und ich sehe, dass die
Müllabfuhr gerade da war und dass die Mülltonnen noch in der Ein-
fahrt stehen, bringe ich diese schnell in das vorgesehene Mülltonnen-
häuschen zurück, obwohl meine Stellenbeschreibung diese Pflicht
sicherlich nicht vorsieht. Dies ist aber egal, denn „jemand sollte sich
der Sache annehmen". Die gleiche innere Arbeitsauffassung erwarte
ich von meinen Mitarbeitern: dass sie sich **zuständig** fühlen, wenn
ein plötzlicher Handlungsbedarf auftritt. Steuerkanzleien sind in
der Regel mittelständische Betriebe. Anders als Großbetriebe sind
sie darauf angewiesen, dass jeder Mitarbeiter seinen Anteil an der
Grundverantwortung mitträgt und zum Wohle des Mandanten das
Erforderliche – beispielsweise im Rahmen des Service oder zu Herstellung des äußeren Erscheinungsbilds – leistet.

In diesem Zusammenhang kann man das Paretoprinzip[1] heranziehen. Dieses besagt auf den Regelungsbedarf bezogen, dass man
mit einem Aufwand von 20 % nur 80 % des Alltags regeln kann. Die
restlichen 20 % des Normierungsbedarfs müssen offenbleiben, da es

---

[1]Das Paretoprinzip wurde von Vilfredo Pareto (1848–1923) festgestellt und wird auch als
Pareto-Effekt oder 80-zu-20-Regel bezeichnet. Die Regel besagt, dass 80 % der Ergebnisse
mit 20 % des Gesamtaufwandes erreicht werden. Die verbleibenden 20 % der Ergebnisse
benötigen mit 80 % den größten Arbeitsanteil.

einen zu hohen Aufwand (80 %) bedeuten würde, diesen auch noch zu regeln. Diese kleinen Regelungslücken können zwar Spannungen zwischen den Mitarbeitern verursachen, doch diese ist hinzunehmen, um ein Bewusstsein der Grundverantwortung im Team zu erhalten.

5.6 Das Kündigungsgespräch

Eine Kündigung aussprechen zu müssen, ist immer ein trauriges und unschönes Unterfangen. Bevor man diese schwere Entscheidung fällt, sollte man sich stets fragen: habe ich den richtigen Mitarbeiter eingestellt, diesen auch richtig eingesetzt und eingearbeitet? Nur wenn es nicht möglich ist, den Mitarbeiter mit angemessenen Maßnahmen für seine Aufgaben zu qualifizieren oder ihm andere Aufgaben zuzuweisen, bleibt einem keine andere Wahl und man muss in den sauren Apfel beißen und den Mitarbeiter gehen lassen.

Wir alle scheuen Veränderungen, auch deshalb fallen uns Kündigungen so schwer. Ihnen haftet die Aura des Scheiterns an, da eine Arbeitsbeziehung enden muss. Das kann man zum Teil auch als ein persönliches Scheitern begreifen und gerade deshalb neigen wir dazu, diese Entscheidung zu einer Trennung hinauszuzögern – auch im Berufsleben. Das Positive an diesem Gefühl ist, dass man es für die eigene Reflexion nutzen kann: Wieso war der Mitarbeiter nicht der Richtige für die Stelle, wieso hat man dies zunächst nicht erkannt und ist zu einer anderen Einschätzung gekommen? Nachdem Sie sichergestellt haben, dass der Mitarbeiter für die Aufgabe nicht geeignet ist, geht es im nächsten Schritt nun darum, dies der betreffenden Person mitzuteilen.

Bereiten Sie sich auf das Kündigungsgespräch gut vor. Spannen Sie den Mitarbeiter nicht mit langen Einleitungen „auf die Folter", das macht das Gespräch für Ihr Gegenüber nur umso quälender. Leiten Sie möglichst schonend auf den Gesprächsgegenstand hin und benennen Sie die Situation mit klaren Worten, ohne um den „heißen Brei" herumzureden. Sicher haben Sie in vorausgegangenen Kritik- oder Konfliktgesprächen die Mängel gegenüber dem Mitarbeiter bereits angesprochen, doch Sie darüber hinaus sollten sehr gut erklären können, warum es letztlich nicht gereicht hat. Als Arbeitgeber sind Sie moralisch und außerhalb der Probezeit auch arbeitsrechtlich verpflichtet, dem Mitarbeiter die Gründe seiner Entlassung mitzuteilen. Selbstverständlich dürfen Sie Ihren Mitarbeitern auf keinen Fall – weder bewusst noch unbewusst – degradieren, daher sollte Ihre Wortwahl gut überlegt und vorbereitet sein.

Bereiten Sie sich innerlich darauf vor, dass Ihr Gegenüber eventuell sehr emotional reagieren wird und vielleicht Tränen fließen werden und gestehen

Sie Ihrem Mitarbeiter diese Emotionalität zu. Achten Sie darauf, die positiven Aspekte der Kündigung aufzuzeigen. Vermeiden Sie aber pauschale Floskeln wie „Ich hätte Sie ja gerne behalten, aber es ging einfach nicht" oder „Das ist ja kein Beinbruch", durch die sich der Mitarbeiter in seinem möglichen Schmerz nicht ernst genommen fühlen könnte.

Machen Sie gerade jüngeren Mitarbeitern klar, dass in der beruflichen Veränderung auch eine große Chance liegt: er kann nun eine Aufgabe finden, in der er seine Fähigkeiten besser zeigen kann. Eine Kündigung ist heute zum Glück kein „Karrierekiller" mehr. Wenn der Mitarbeiter bei der nächsten Bewerbung herausarbeitet, was er durch diese Erfahrung gelernt hat und wie der neue Arbeitergeber davon profitiert, kann er den Wechsel sogar zu seinem Vorteil nutzen. Zeigen Sie Ihrem Mitarbeiter die positiven Aspekte der Veränderung und machen Sie ihm Mut für seinen weiteren Lebensweg.

> ▶ **Praxistipp aus der Steuerkanzlei Dr. Siegel** Kündigungen sind für den
> Chef immer äußerst unangenehm, doch für den Mitarbeiter umso mehr!
> In einem Fall mussten wir vor einiger Zeit eine junge Mitarbeiterin
> gehen lassen, da sich gezeigt hatte, dass eine Tätigkeit im Sekretariat
> für sie einfach nicht die richtige Aufgabe war. Am Empfang herrscht
> immer sehr viel Trubel: das Telefon läutet, eine Mandantin wünscht
> ein Glas Wasser und der Postbote benötigt eine Unterschrift – und das
> alles gleichzeitig!
> Bei dieser Mitarbeiterin stellte sich heraus, dass sie weder den
> direkten Kontakt mit den Menschen, noch das ständige Multi-Tasking
> besonders schätzte. Daher haben wir ihr erklärt, dass die betreffende
> Tätigkeit einfach nicht gut zu ihr passt und dass Sie jetzt die Gelegen-
> heit hat, sich eine Stelle zu suchen, in der sie all ihr Können einbringen
> kann, welches sie zweifellos besitzt. Im Volksmund heißt es „Wenn
> man einen Fisch danach beurteilt, ob er auf einen Baum klettern kann,
> wird er sein ganzes Leben glauben, dass er dumm ist."[2] Gerade für
> junge Mitarbeiter geht es im Leben also darum, eine Aufgabe zu fin-
> den, die mit ihren Begabungen und Interessen übereinstimmt. Meine
> damalige Mitarbeiterin hat anschließend eine Stelle in einer Unter-
> nehmensberatung gefunden, die ihr bis heute sehr viel Spaß bereitet.

---

[2]Dieses Zitat wird häufig Albert Einstein (1879–1955) zugeschrieben, hierfür gibt es allerdings keine gesicherte Quelle.

Der Wechsel war für sie letztendlich von großem Vorteil und wir stehen noch immer in einem persönlichen und freundlichen Kontakt. Bei älteren Mitarbeitern ist es natürlich sehr viel schwieriger, bestärkende Worte zu finden, weil der Arbeitsmarkt für diese Menschen so viel härter ist. Trotz dieser Hürden sollte man den Mitarbeiter stets ermutigen, seine Fähigkeiten und Begabungen in das richtige Umfeld zu lenken.

5.7 Das Austrittsgespräch

Das Austrittsgespräch wird geführt, wenn ein Mitarbeiter das Unternehmen verlässt. Nicht immer muss dem Austritt eine Kündigung vorausgegangen sein, manchmal ist der Anlass der Wunsch nach Veränderung, der Eintritt in eine neue Lebensphase oder in die Rente. Wurde keine Kündigung ausgesprochen, werden Austrittsgespräche häufig von allen Beteiligten als äußerst angenehm empfunden. In diesen Fällen lässt man die schönen gemeinsamen Zeiten noch einmal Revue passieren und wünscht sich von Herzen alles Gute. Doch auch im Falle einer Kündigung sollte man von der Möglichkeit des Austrittsgesprächs Gebrauch machen. In den wenigsten Fällen hat der Mitarbeiter vorsätzlich etwas falsch gemacht, zumeist hat es einfach nur nicht „gepasst" oder die Fähigkeiten entsprachen nicht den Anforderungen der speziellen Position. Außerdem ist es für ein gutes „employer branding" vorteilhaft, wenn der Ausstieg des Mitarbeiters gut organisiert ist, damit der ausgetretene Mitarbeiter sich später positiv über die Kanzlei äußert.

Leider glauben einige Führende, es sei eine Art Zeitverschwendung, sich mit ausscheidenden Mitarbeitern zu unterhalten, da diese ohnehin „bald weg sind". Dabei können Sie sehr viel Hilfreiches von diesen Mitarbeitern erfahren. Das Austrittsgespräch ist die letzte Gelegenheit, sich zu erkundigen, wie die Mitarbeiter die Zeit in Ihrer Kanzlei erlebt haben, wo sie vielleicht Veränderungsbedarf sehen und was ihnen gut und nicht so gut gefallen hat. Dies gilt insbesondere, wenn man vorher nicht so regelmäßig im Gespräch war, wie ich es mit meinen Mitarbeitern bin. Falls der Mitarbeiter nicht glücklich in der Kanzlei war, wird er Ihnen vielleicht gerade in diesem letzten Gespräch, in dem er nichts mehr zu „verlieren" hat, seine (vielleicht sogar schonungslose) Perspektive mitteilen. Dies kann äußerst aufschlussreich und hilfreich sein.

5.8   Zwischenfazit

Die richtige Personalauswahl ist die entscheidende Grundlage für ein gutes Zusammenspiel im Team. Da die fachlichen Kompetenzen bereits den schriftlichen Unterlagen zu entnehmen sind, kann man sich im Rahmen der Bewerbungsgespräche auf die interpersonellen Kompetenzen konzentrieren. Bezieht man das Team in den Auswahlprozess mit ein, können nicht nur die Belange der Mitarbeiter berücksichtig werden, sondern zudem übernimmt das Team eine Mitverantwortung an der Personalauswahl.

Ob sich der Mitarbeiter in der Kanzlei wohlfühlt, hängt viel davon ab, wie dieser die ersten Monate dort erlebt. Daher empfehle ich, jedem neuen Mitarbeiter einen „Mentor" zur Seite zu stellen und von Anfang an ständig miteinander im Gespräch zu bleiben. Treten doch einmal Probleme auf, begegnet man diesen aus meiner Sicht am besten mit viel Zuversicht, gemeinsamen Zielvereinbarungen und ohne zu dramatisieren. Verlässt ein Mitarbeiter traurigerweise die Kanzlei, ist es wichtig, ein abschließendes Austrittsgespräch mit ihm zu führen. Nur wenn der Mitarbeiter die Gründe versteht, die zu seinem Austritt geführt haben, kann er diese in Zukunft vermeiden. Nutzen Sie das Austrittsgespräch zudem, um den Mitarbeiter für seinen weiteren Lebensweg zu bestärken.

Motivations- und Feedbackgespräche 6

Die Motivation, Förderung und das Feedbackgeben sind zentrale Aufgaben eines jedes Vorgesetzten und werden zu großen Anteilen über die Kommunikation erreicht. Werden Feedbackgespräche richtig genutzt, sind sie geeignet, die Prozesse einer Steuerkanzlei zu optimieren, den Mitarbeiter in seiner beruflichen Weiterentwicklung zu unterstützen und sogar den Teamzusammenhalt zu fördern. In Motivations- und Fördergesprächen geht es vorrangig darum, Leistungsreserven oder schlummernde Talente zu erkennen und den Mitarbeiter zu ermutigen, diese Kräfte zu nutzen, um eventuelle Leistungshemmnisse aus dem Weg zu räumen. Feedbackgespräche hingegen geben dem Mitarbeiter eine konkrete Rückmeldung über seine Arbeitsweise.

In vielen Steuerkanzleien wird diese Art von Gesprächen ausschließlich in Zusammenhang mit den Gehaltsvereinbarungen geführt, doch eine grundsätzliche Verknüpfung der Förderung und Motivation eines Mitarbeiters mit seinem Einkommen halte ich für problematisch. Nach meiner Ansicht besitzt jeder Mitarbeiter das grundlegende Bedürfnis, seine Potenziale auszuschöpfen und sich weiterentwickeln zu dürfen.

Das vorliegende Kapitel behandelt einige dieser formellen und informellen Gespräche, die sich gezielt auf die Förderung, Motivation oder das Feedbackgeben richten. Mithilfe der hier vorgestellten Methoden können Sie Ihre Mitarbeiter im Arbeitsalltag unterstützen, Arbeitsweisen korrigieren und lenken sowie Ihre Mitarbeiter leistungsfördernd beraten.

© Springer Fachmedien Wiesbaden GmbH, ein Teil von Springer Nature 2018
T. Siegel, *Mitarbeitergespräche in Steuerkanzleien,*
https://doi.org/10.1007/978-3-658-21875-1_6

6.1   Das Motivationsgespräch

Motivationsgespräche sind ein wichtiges Instrument, um die Mitarbeiter zu bestärken und anzuspornen. Sie sind eine verantwortungsvolle Aufgabe, doch die Form der Unterredung birgt auch einige Risiken: Falsch angewandt, kann ein Motivationsgespräch das genaue Gegenteil bewirken und den jeweiligen Mitarbeiter demotivieren.

Ein Motivationsgespräch darf niemals überfordern, daher ist zunächst zu prüfen, ob diese Gesprächsform für den betreffenden Mitarbeiter überhaupt passend ist. Der heutige grundsätzliche „Selbstoptimierungs-Impetus", nach dem jeder seine Potenziale fortdauernd und vollständig auszuschöpfen habe, halte ich in der Praxis für realitätsfern und übertrieben. Fremd- und Selbstüberschätzung ist leider häufig der erste Schritt in Richtung einer tiefen Enttäuschung und Frustration.

Meine Mitarbeiter betreuen neben den Aufgaben der Sachbearbeitung eigene Spezialgebiete und veröffentlichen dazu regelmäßig Fachartikel auf der Homepage, daher ist mein Team stets recht gut ausgelastet. Trotzdem kann der Handlungsbedarf für ein Motivationsgespräch gegeben sein. Aus meiner Sicht ist dieses immer dann notwendig, wenn:

- der betreffende Mitarbeiter mit seinen vorhandenen Aufgaben unterfordert scheint.
- er oder sie lange nichts Neues mehr gelernt hat.
- der Mitarbeiter beispielsweise wegen Berufsexamina eine Veränderung seiner Aufgaben anstrebt.
  oder
- der Mitarbeiter gelegentlich oder häufig Schwierigkeiten hat, seine Aufgaben einwandfrei zu bewältigen.

Im letzteren Fall ist es wichtig, im gemeinsamen Gespräch zu identifizieren, worin die Hindernisse bei der Aufgabenbewältigung liegen und wie diese ausgeräumt werden können. Legen Sie anhand von gemeinsamen Zielvereinbarungen fest, mit welchen Maßnahmen die bisherigen Klippen (und bis wann) umschifft werden sollen. Hierbei muss der Handlungszweck für den Mitarbeiter grundsätzlich als wichtig, umsetzbar und erstrebenswert erscheinen und gleichzeitig für ihn verständlich und klar sein. Sieht der Mitarbeiter – trotz einer Rücksprache und angesichts aller Fakten – selbst keinen eigenen Handlungsbedarf, wird ein Motivationsgespräch kaum greifen und eher ein Kritik- oder Konfliktgespräch notwendig sein.

In allen anderen Fällen (Unterforderung etc.) wird im Motivationsgespräch gemeinsam ermittelt, welche neuen Aufgaben der Mitarbeiter für sich entdecken könnte. Um diese verborgenen Talente in den Mitarbeitern zu erkennen, sollte man diese sehr gut einschätzen können. Schon allein aus diesem Grund ist es so wichtig, ständig im Gespräch zu bleiben. Hat man in der Unterredung die neuen Vorhaben identifiziert, werden diese ebenfalls in konkreten Zielvereinbarungen (siehe Abschn. 4.3) erfasst.

Im Rahmen der Motivationsgespräche ist es wichtig, keine falschen Anreize zu schaffen. Meines Erachtens werden in Steuerkanzleien zu schnell materielle Anreize geboten und andere Bedürfnisse der Mitarbeiter darüber vernachlässigt. Verschiedene Studien[1] belegen, dass entgeltliche Belohnungen nur eine bedingte und kurzfristige motivierende Wirkung entfalten. Die eigene Zufriedenheit der Mitarbeiter hat für diese in der Regel einen weitaus höheren Stellenwert. Zwar ist ein angemessenes Gehalt zweifellos die Basis für eine gute Arbeitsbeziehung und eine hohe Leistungsbereitschaft des Mitarbeiters, doch diese finanziellen Aspekte empfehle ich in dem Motivationsgespräch zunächst auszusparen. Die eigene Fortentwicklung stellt einen Wert an sich dar; wird diese zu früh mit entgeltlichen Anreizen verknüpft, kann sich der gut gemeinte Ansporn bei Nicht-Erreichen der eigenen Ziele ins Gegenteil verkehren und demotivierend auf den jeweiligen Mitarbeiter auswirken.

Vielmehr sollte die Frage nach dem Materiellen durch eine Frage nach dem Immateriellen „Was wünschen Sie sich?" (beispielsweise: mehr Verantwortung, Selbstständigkeit oder mehr Handlungsspielraum) ersetzt werden, denn die Motivation und die Zufriedenheit der Mitarbeiter sind zu großen Teilen vom Führungs- und Gesprächsstil des Kanzleiinhabers oder Vorgesetzten abhängig.

6.2   Allgemeine Überlegungen zum Feedbackgespräch – konstruktiv Feedback geben

In vielen Steuerkanzleien sind Feedbackgespräche leider noch immer kein fest verankertes Ritual. Meines Erachtens ist es jedoch unverzichtbar, dass sich der Kanzleiinhaber in regelmäßigen Abständen mit seinem Team in Einzelgesprächen

---

[1]An der Universität von Nebraska stellte beispielsweise der Ökonom Fred Luthans in einer Studie fest, dass mit finanziellen Mittel allein nur eine 23-prozentige Produktionssteigerung erreicht werden konnte, während die Kombination von Feedback und zusätzlichem Entgelt eine Steigerung von 45 % erzeugte.

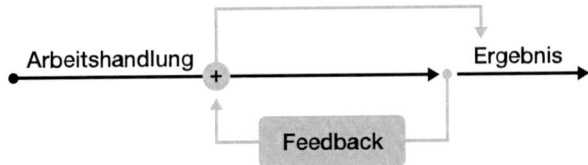

Abb. 6.1 Feedback enthält einen Hinweis über die Außenwahrnehmung einer Arbeitshandlung

zusammensetzt, um die geleistete Arbeit und abgeschlossenen Mandate einer kritischen Prüfung zu unterziehen: Was lief besonders gut? Was hätte man besser machen können? An welchen Stellen traten Probleme auf? In manchen Steuerkanzleien finden zumindest einmal pro Jahr diese Feedbackgespräche statt, meines Erachtens ist dies jedoch viel zu selten.

Dies bestätigt auch die Gallup Studie[2], eine umfangreiche Untersuchung zur Arbeitsplatzqualität der Gallup GmbH. Im Rahmen der Befragung stellte sich heraus, dass ein mangelndes Feedback durch die Vorgesetzten den höchsten Faktor für die Unzufriedenheit der Arbeitnehmer darstellt. Grundsätzlich beklagten die Arbeiternehmer, dass sie zu wenig oder sogar gar kein Feedback zu ihren Arbeitsleistungen erhalten.

Übrigens ging es mir zu Anfang meiner Karriere selbst ganz ähnlich: Noch sehr lebhaft kann ich mich an meine erste Einstellung nach meinem Studium erinnern. In dem ersten Halbjahr hatte ich keinerlei Feedback erhalten, erst zwei Tage vor Ablauf der Probezeit wurde das erste Gespräch angesetzt. Das empfand ich bereits damals als extrem nachlässig. Wenn jemand acht Stunden in einer Kanzlei verbringt und sein Bestes gibt, hat er nach meiner Ansicht ein Recht darauf zu erfahren, wie die Vorgesetzten seine Leistungen bewerten.

Feedback sollte vor allem sein: schnell, präzise und ehrlich! Häufig wird Feedback mit Kritik oder Lob gleichgesetzt, doch Feedback beinhaltet vorwiegend (wertfreie) konkrete Informationen zu einer bestimmten Verhaltens- oder Arbeitsweise. Anhand der Rückmeldung erfährt der Mitarbeiter, was sein Gegenüber Konkretes beobachtet hat; es ist ein Hinweis über die Außenwahrnehmung einer Arbeitshandlung (siehe Abb. 6.1).

---

[2]Siehe: Gallup- Studie: http://www.gallup.de.
  http://www.gallup.de/183104/engagement-index-deutschland.aspx.

Damit ein Feedback konstruktiv ist, sollte es möglichst präzise formuliert und durchdacht sein, immer respektvoll vorgebracht werden und niemals die Person des Mitarbeiters herabsetzen.

▶   **Leitsatz** Feedback sollte stets schnell, präzise und ehrlich sein. Hierzu gehört, dass der Feedback-Leistende reflektiert und situationsbezogen handelt und seine Anmerkung mit klaren Worten formuliert.

Zunächst sollte der Feedback-Gebende sich klarmachen, was er dem Mitarbeiter genau vermitteln möchte, welche Verhaltensweise er sich von ihm wünscht und diesen Wunsch präzise formulieren. Allgemeinen Aussage wie „Sie müssen sich mehr anstrengen!" oder „Geben Sie ordentlich Gas!" kann der Mitarbeiter schwer umsetzen, da für ihn unklar bleibt, welche konkreten Verhaltensweisen von ihm gefordert sind.

Wer Feedback gibt, sollte stets reflektiert handeln und sich nicht durch sachfremde Erwägungen oder Stimmungen leiten lassen. Bei einem Feedback handelt es sich um die Wahrnehmung des Feedback-Gebenden, daher ist Feedback grundsätzlich subjektiv. Aus diesem Grund ist es ratsam, wenn der Feedback-Gebende Ich-Botschaften verwendet und nicht versucht, sich auf eine „pseudo-objektive" Ebene zurückzuziehen, die in Feedbackgesprächen letztendlich nicht existiert.

In Feedbackgesprächen ist es wichtig, eventuelle Schwachpunkte klar zu benennen. In keinem Fall dürfen Feedbackgespräche jedoch Ängste bei Mitarbeitern auslösen (siehe Abb. 6.2). Ist dies doch der Fall, sollte der Feedback-Gebende sehr genau seine Wortwahl und Vorgehensweise überprüfen. Erst im zweiten Schritt sollte er sich fragen, ob er es möglichweise mit einem stark selbstunsicheren Mitarbeiter zu tun hat, der sich durch Rückmeldungen und Kritik

Abb. 6.2 Feedbackgespräche sollten keine Ängste auslösen

prinzipiell bedroht fühlt. Nach meiner Ansicht gehört die Kritik- und Feedback-
fähigkeit eines Mitarbeiters zu den essenziellen interpersonellen Kompetenzen,
die im Kanzleialltag gänzlich unentbehrlich sind und die daher bei der Auswahl
eines Mitarbeiters unbedingt mitbedacht werden sollten.

Auch angesichts von Kritikpunkten sollten Sie das Feedback stets überwiegend positiv gestalten, um den Mitarbeiter nicht zu demotivieren. An dieser
Stelle kommt das oben genannte Lob nun doch ins Spiel. Im Umgang mit Lob
gibt es aber ein grundsätzliches Spannungsfeld: Einerseits sollte der Kanzleiinhaber nicht an bestärkenden Worten sparen, anderseits darf er sein Lob auch
nicht inflationär einsetzen. Lobende Worte sollten immer „passen", sich nicht auf
Nichtigkeiten beziehen und zu jedem Zeitpunkt vollkommen glaubwürdig sein.

▶ **Praxistipp aus der Steuerkanzlei Siegel** Grundsätzlich versucht man
   durch Feedbackgespräche, eine intrinsische Motivation[3] zu erzeugen.
   Daher bitte ich meine Mitarbeiter immer, sobald ein Problem auftritt,
   über dieses zwei Tage nachzudenken und mir dann zwei Lösungs-
   möglichkeiten zu präsentieren. Da ich meine Mitarbeiter gut ausgewählt habe, klappt diese Vorgehensweise stets sehr gut. In meiner
   Kanzlei ist es grundsätzlich so, dass meine Mitarbeiter beim Auftreten
   von steuerlichen Fragen nicht nur mit der Frage an mich herantreten,
   sondern stets bereits zwei Lösungsvorschläge vorbereitet haben.

Vor allem sollte Feedback aber *gegenseitig* sein. Es ist ein wesentliches Element
des mitarbeiterorientierten Führungs- und Kommunikationsstils, dass der Mitarbeiter seinerseits ebenfalls den Kanzleiinhaber oder Vorgesetzten Rückmeldung
über dessen Verhalten geben und dieses gegebenenfalls mit Lob oder Kritik verbinden kann.

In Abb. 6.3 finden Sie die wichtigsten Grundregeln, anhand derer Sie Ihren
Mitarbeitern konstruktiv Feedback geben können.

---

[3]Die intrinsische Motivation liegt vor, wenn jemand aus inneren Motiven handelt -beispiels-
weise um eine Herausforderung zu meistern.

Abb. 6.3 Regeln für erfolgreiche Feedback-Gespräche

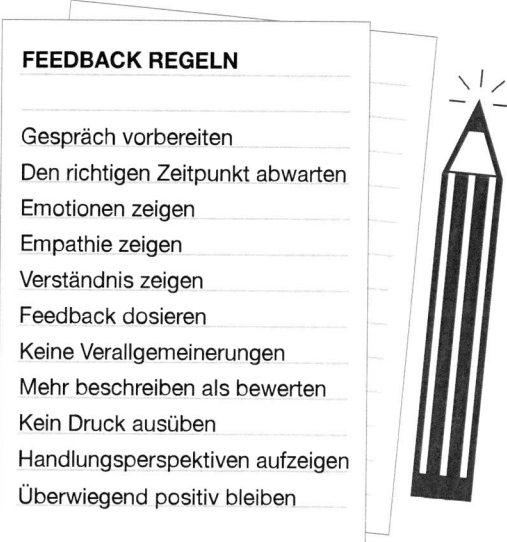

FEEDBACK REGELN

Gespräch vorbereiten
Den richtigen Zeitpunkt abwarten
Emotionen zeigen
Empathie zeigen
Verständnis zeigen
Feedback dosieren
Keine Verallgemeinerungen
Mehr beschreiben als bewerten
Kein Druck ausüben
Handlungsperspektiven aufzeigen
Überwiegend positiv bleiben

6.3 Das Feedbackgespräch

Als wachsamer Vorgesetzter möchte ich natürlich verhindern, dass sich kleine Schnitzer oder Schwachstellen in den Arbeitsabläufen einschleifen können. Daher greife ich möglichst frühzeitig ein, um einen finanziellen Schaden wegen möglicher Haftungsfälle von der Kanzlei abzuwenden. Aus diesem Grund pflegen wir ständig kurzfristige Feedbacks, in denen die Berufsträger der Kanzlei stark miteinbezogen sind. Bei jedem ungewöhnlichen Vorgang – positiv oder negativ – wird sofort ein entsprechendes Feedback gegeben. Weitere informelle, schnelle Feedbackgespräche finden zudem regelmäßig bei allen abgeschlossenen und umfangreicheren Steuererklärungen und Jahresabschlüssen statt. Diese schnellen Feedbacks erfolgen als sogenannte *Debriefings*.

Diese Gesprächspraxis wurde ursprünglich für die Luftfahrt entwickelt. Im *Debriefing* setzen sich die Beteiligten kurz zusammen, um das gemeinsame Handeln Revue passieren zu lassen. Es erfolgt typischerweise nach Abschluss einer abgeschlossenen Einheit. Anhand von *Debriefings* im Rahmen der Prozesse einer Steuerkanzlei kann man wertvolle Erkenntnisse und Verbesserungspotenziale identifizieren. Wichtig ist hierbei, dass das *Debriefing* ein fester Bestandteil der Prozesskette wird. Folgendes Szenario könnte beispielsweise Inhalt eines

Debriefings sein: Nach einer gemeinsam (mit dem Sachbearbeiter und Mandanten) durchgeführten Abschlussbesprechung erklärt der Steuerberater dem Bearbeiter eines Jahresabschlusses, dass dieser zwar den Abschluss dem Mandanten verständlich erklärt hätte, aber in den Schlussausführungen etwas zu detailliert und für den Mandanten ermüdend gesprochen hätte.

Nicht immer stimmt die Fremdwahrnehmung mit dem Selbstbild der Mitarbeiter überein. Dies ist nur menschlich, denn das Bild, das wir von uns und unserer Leistung haben, kann sich stark von der Einschätzung anderer unterscheiden. Durch die ständigen Feedbacks kann der Mitarbeiter seine Eigenebeurteilung mit dem Fremdbild abgleichen und so eine realistischere Bewertung vornehmen. Auf Basis des ständigen Feedbacks erhält der Mitarbeiter eine kontinuierliche Gewissheit, die er später in die Gehaltsgespräche miteinbringen kann.

Im Feedbackgespräch wird nicht nur über die Leistung der Mitarbeiter reflektiert, sondern auch die Rahmenbedingungen, in denen diese Leistungen entstanden sind. Die Frage lautet daher nicht nur, wie der Beitrag eines betreffenden Mitarbeiters aussah, sondern es sollte auch untersucht werden, ob der Mitarbeiter genügend Zeit zur Bewältigung der Aufgabe erhalten hat. Fühlte er sich den Aufgaben gewachsen, über- oder unterfordert? Wie gut gelang die Zusammenarbeit im Team? Welche Interdependenzen lagen zwischen verschiedenen Teammitgliedern vor und welche Schnittstellen waren in den Prozess involviert? Wurden alle Fakten und Daten verlustfrei und schnell vermittelt?

Manche der aus Feedbackgesprächen gewonnenen Einsichten sollten mit den Zielvorgaben aus dem Vorjahr verglichen werden, um ein Resümee zu ziehen und um gemeinsam – die Leitung und die Mitarbeiter – zu entscheiden, welche Ziele man im neuen Jahr anstrebt. Dies kann eine Verbesserung der Prozesse, neue Aufgaben und Projekte oder eine bestimmte Weiterbildungsmaßnahme sein.

Regelmäßige Feedbacks sind ein essenzielles Instrument zur Motivation der Mitarbeiter, zur Leistungs- und Qualitätskontrolle und um sich über die gemeinsame Zusammenarbeit auszutauschen. Neben dem Optimieren der einzelnen Mitarbeiterleistungen zielen Feedbackgespräche zudem auf eine Optimierung der Gruppenprozesse, um diese effektiver zu gestalten und den Unternehmenserfolg zu steigern.

6.4   Das 360-Grad-Feedback

Eine spezielle Ausformung des Feedbackgesprächs ist das sogenannte 360-Grad-Feedback. Da Steuerkanzleien in der Regel mittelständische Betriebe sind, wird dieses neue Werkzeug der Personalakquise nicht sehr häufig verwendet, doch in Ausnahmefällen werden anhand der Methode Führungskräfte gewonnen oder beurteilt. Ein 360-Grad-Feedbackgespräch wird nicht nur mit dem Kanzleiinhaber oder Vorgesetzten, sondern in einer großen Runde mit verschiedenen Teilnehmern geführt. Diese Gesprächsmethode wurde in den 1980er Jahren mit dem Aufstieg der sogenannten „Assessment"-Zentren bekannt und vorwiegend von Großfirmen wie Lufthansa, Bayer oder Allianz eingesetzt.

Typischerweise nehmen an einem 360-Grad-Gespräch vier verschiedene Gruppen teil (siehe Abb. 6.4): die Inhaber oder Vorgesetzten, andere Mitarbeiter aus dem betreffenden Fachgebiet, Mitarbeiter aus anderen Bereichen (z. B. Sekretariat/IT) sowie Kunden/Mandanten. Da bei den Feedbackgesprächen von Führungskräften auch in größeren Steuerkanzleien kaum die Mandanten beteiligt sein werden, ist hier nur von einer Vorgehensweise als 270-Grad-Gespräch auszugehen.

Wie der Name vermuten lässt, erfolgt das Feedback in Form einer Rundumbetrachtung, in der alle Beteiligten nach Maßgabe von standardisierten Fragebögen ihre Einschätzung einbringen.

Feedbackgespräche dieser Art stellen hohe Ansprüche an alle Beteiligten und setzen ein sehr hohes Reflexionsvermögen voraus. Darüber hinaus werden die beteiligten Mitarbeiter nicht unbedingt in einem 270- oder 360-Grad-Gespräch kritische Anmerkungen äußern, wenn die innerbetriebliche Kommunikationsatmosphäre üblicherweise eher verschlossen und wenig redselig ist.

Abb. 6.4 Teilnehmer an 360-Grad-Feedbackgesprächen

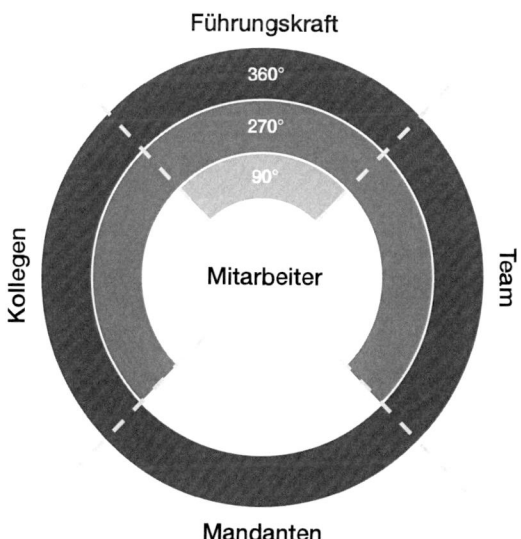

Wer ständig im Austausch mit seinen Mitarbeitern ist, kann bei einer Sitzung im Plenum – beispielsweise zu einer speziellen Frage – sicher problemlos ein Feedback von allen Beteiligten einholen. Stimmt der tägliche Kontakt allerdings nicht, wird ein komplexes 270/360-Grad-Gespräch eher schwierig. Ist der Austausch mit den Mitarbeitern aber ohnehin rege und zuverlässig, wird ein 270/360-Grad-Gespräch häufig obsolet.

6.5   Das Fördergespräch

Das Mitarbeiterjahresgespräch wird erst im nächsten Kapitel behandelt. Auf einen Aspekt dieses Gesprächs möchte ich aber bereits jetzt vorgreifen. Unter Punkt 8 meiner Gesprächsagenda frage ich meine Mitarbeiter regelmäßig, welche beruflichen Ziele sie sich für das kommende Jahr gesetzt haben. Was denken Sie, welche Antwort ich von meinen Mitarbeitern immer wieder erhalte?

Die häufigste Antwort lautet: „Es soll alles bleiben, wie es ist". Das ist natürlich erst mal erfreulich und zeigt mir, dass wir mit unserem Führungskonzept nicht ganz so falsch liegen können. Trotzdem mache ich meinen Mitarbeitern im nächsten Schritt klar, dass es sich mit dieser Haltung ein wenig wie mit einem Fisch verhält, der immer auf derselben Stelle in einem Fluss schwimmt, weil es ihm dort so gut gefällt. Um an dieser Stelle zu bleiben, muss man – im Sinne des Fisches – tüchtig schwimmen. Meine Frage an die Mitarbeiter lautet dann: Was möchtest Du dazu zu tun, dass alles so bleibt, wie es ist?

In einem Fördergespräch handelt der Chef/Kanzleiinhaber wie ein Coach, das heißt er versucht, den Mitarbeiter in seiner Weiterentwicklung zu bestärken und fördern. Im Unterschied zum Motivationsgespräch gibt es keinen konkreten Handlungsbedarf, sondern es geht um eine allgemein wünschenswerte Fortentwicklung des Mitarbeiters. In diesem Kontext ist es wichtig, dass Sie Ihren Mitarbeitern die notwendige Übersicht über alle vorhandenen Entwicklungsmöglichkeiten verschaffen. Im nächsten Schritt identifizieren Sie gemeinsam mit dem Mitarbeiter, in welchen Bereichen er sein Entwicklungspotenzial sieht und vereinbaren anschließend gemeinsam eine Zielvereinbarung.

Da ein erfolgreiches Fördergespräch voraussetzt, dass der Mitarbeiter eigene Ziele formuliert, sollte das Gespräch angekündigt sein und ihm genügend Zeit zur Vorbereitung eingeräumt werden. Ein hohes Einfühlungs- und ein gutes Einschätzungsvermögen für die verborgenen Talente des Mitarbeiters sind die zentralen Fähigkeiten für erfolgreiche Fördergespräche. Näheres zu den Themenbereichen Motivation und Kommunikation erfahren Sie in Kap. 9.

6.6   Das Gehaltsgespräch

Die Gehaltsgespräche finden bei uns im Dezember jeden Jahres statt. Hierbei trennen wir das Mitarbeiterjahresgespräch von dem Gehaltsgespräch, sodass wir das Fördergespräch und Zielvereinbarungen gezielt von dem Gehaltsgespräch ablösen. Dem Gehaltsgespräch legen wir ein Vergütungssystem zugrunde, in das wir viel Zeit und Überlegung investiert haben, um die Mitarbeiter bestmöglich zu motivieren und gerecht zu entgelten. Dieses von mir entwickelte Vergütungssystem stelle ich Ihnen ausführlich in Kap. 10 vor.

▶ **Praxistipp aus der Steuerkanzlei Dr. Siegel** Grundsätzlich gilt: Wenn ein Mitarbeiter in der Gesamtbetrachtung bei vergleichbarer Leistung weniger verdient als ein anderer Mitarbeiter, ist sein Wunsch nach einer Gehaltserhöhung berechtigt. Erhält der Mitarbeiter aber bereits ein vergleichbar gutes Gehalt und möchte dennoch mehr, stellt sich die Frage, ob dem Mitarbeiter seine Stelle und die von ihm zu betreuenden Aufgaben allgemein gefallen. Oft ist eine mangelnde Zufriedenheit der Hintergrund für den Wunsch nach mehr Gehalt. In diesen Fällen ist zu ermitteln, ob anstelle einer Gehaltserhöhung eine Veränderung wie beispielsweise neue Aufgaben für den Mitarbeiter in Betracht kämen.

Schwierig ist es, wenn ein Mitarbeiter seinen Gehaltswunsch mit gestiegenen Ausgaben seinerseits (zum Beispiel Hausbau) begründet. Zeigen Sie Verständnis für die Situation des Bewerbers und erklären Sie ihm Ihre betriebswirtschaftliche Sichtweise. Falls möglich, bieten Sie ihm beispielsweise an, sich für eine höhere Stelle zu qualifizieren.

Bei den letzten Gehaltsgesprächen gab es in meiner Kanzlei etwas zusätzlichen Redebedarf. Obwohl ich mich mit den Mitarbeitern sehr gut verstehe, kam es in zwei Fällen zu einer kleinen Auseinandersetzung. Tatsächlich wurde die Diskussion etwas erhitzt und wir kamen zunächst zu keinerlei Einigung. Daher habe ich mir am nächsten Tag nochmals ganz nüchtern alle Zahlen angesehen und anschließend haben wir in einem erneuten Gespräch einen Kompromiss gefunden. Auch wenn man die Gehaltserhöhung selbst nicht in der Höhe vorgeschlagen hätte, muss man als Kanzleiinhaber auch mit einberechnen, welche Folgekosten der eventuelle Verlust des Mitarbeiters (inklusive Zeit- und Effizienzeinbußen) auslösen könnte und eine entsprechende Gesamtrechnung aufstellen.

6.7   Zwischenfazit

Motivation, Förderung und Feedback sind einige der wesentlichsten Aspekte von Mitarbeitergesprächen. In allen diesen Gesprächen agiert der Kanzlei-inhaber eher als ein Mentor oder Coach als der Chef. Ein Motivationsgespräch zielt darauf, die Arbeitsleitung des Mitarbeiters zu steigern und eventuelle Leistungshemmnisse gemeinsam zu identifizieren und aus dem Weg zu räumen. Auf keinen Fall darf ein Motivationsgespräch den Mitarbeiter überfordern, da es in diesem Fall die gegenteilige Wirkung entfalten könnte. Motivationsgespräche sind zu empfehlen, wenn ein Mitarbeiter mit seinen Aufgaben nicht ausgelastet ist, lange nichts Neues mehr gelernt hat, er oder sie eine Beförderung anstrebt oder allgemein Schwierigkeiten bei der Bewältigung der ihm zugeteilten Auf-gaben zeigt. Während das Motivationsgespräch durch einen konkreten Hand-lungsbedarf notwendig wird, zielt das Fördergespräch auf die allgemeine Fortentwicklung des Mitarbeiters. Gemeinsam werden Entwicklungspotenziale identifiziert und in entsprechenden Zielvereinbarungen festgehalten. Beide Gesprächstypen setzen ein hohes Einfühlungsvermögen und die ausgeprägte Fähigkeit, die Begabungen des Mitarbeiters realistisch beurteilen zu können, aufseiten des Vorgesetzten/Kanzleiinhabers voraus.

Um ihr Potenzial zu entfalten und ihre Fähigkeiten effektiv nutzen zu können, benötigen Ihre Mitarbeiter regelmäßige Rückmeldungen über ihre erbrachten Arbeitsleistungen. Feedbackgespräche zwischen Vorgesetzten und ihren Mit-arbeitern sind daher ein besonders wichtiges Führungsinstrument. Um zu ver-hindern, dass sich kleine Fehler in die Arbeitsroutine einschleifen können, empfehle ich neben den formalen Feedbackgesprächen kurzfristige Rück-meldungen und *Debriefings* nach wichtigen Prozessabschnitten wie beispiels-weise Jahresabschlüssen.

Das Mitarbeiterjahresgespräch

7

„Ständig miteinander im Gespräch bleiben" – so lautet unser internes Kanzlei-motto. In der Praxis bedeutet dies: Meine Kanzleileiterin und ich nehmen während eines Kalenderjahres so viele laufende, informelle Gespräche vor, wie es uns möglich ist. Das Mitarbeiterjahresgespräch ist jedoch das wichtigste formelle Mitarbeitergespräch des Kalenderjahres. Es ist zugleich Feedback- als auch Fördergespräch, Höhepunkt und Zusammenfassung aller Gespräche des Jahres. In meiner Kanzlei trennen wir bewusst das Gehalts- von den Mitarbeiterjahresgesprächen, da wir die gewünschte Reflexion über das letzte Jahr nicht von Gehaltserwägungen überschatten lassen möchten. Zudem investieren wir sehr viel Zeit in unsere Mitarbeiterjahresgespräche, die im März/April beginnen und sich bis zum Oktober eines jeden Jahres ziehen. Für die Jahresgespräche haben meine Kanzleileitung und ich ein ausgeklügeltes System entwickelt, das ich Ihnen in diesem Kapitel im Detail vorstellen werde.

7.1 Grundsätzliches zu Beurteilungsgesprächen

Bevor ich Ihnen unser System für die Durchführung von Mitarbeiterjahresgesprächen erläutere, möchte ich kurz darauf eingehen, welche Aspekte Beurteilungsgespräche grundsätzlich abdecken sollten. Diese Aspekte kann man in drei Grundbereiche (siehe Abb. 7.1) einteilen, die ich nachfolgend erläutern möchte.

1. Bilanzierung
Dieser Gesprächsteil analysiert die Arbeitsleistungen des Mitarbeiters, betrachtet seine bisherigen Erfolge und eventuellen Schwachpunkte in einem umfassenden Feedbackgespräch. Hierbei sollten neben den fachlichen Kompetenzen auch die

© Springer Fachmedien Wiesbaden GmbH, ein Teil von Springer Nature 2018
T. Siegel, *Mitarbeitergespräche in Steuerkanzleien,*
https://doi.org/10.1007/978-3-658-21875-1_7

Abb. 7.1 Wichtige Aspekte des Jahres- bzw. Beurteilungsgesprächs

prozessualen und interpersonellen Fähigkeiten beleuchtet werden und die Arbeitszufriedenheit des Arbeitnehmers betrachtet werden.

2. Zielplanung
Dieser Gesprächsteil ermittelt, welche Ziele, Veränderungen und neue Aufgabenplanung durch den Mitarbeiter und vonseiten der Kanzlei wünschenswert wären, und schließt mit einer gemeinsamen Zielvereinbarung.

3. Fördergespräch
Dieser Gesprächsteil betrachtet die langfristigen beruflichen Perspektiven des Mitarbeiters und untersucht seine Entwicklungsmöglichkeiten beispielsweise im Rahmen einer konkreten Förderplanung.

Grundsätzlich sollten Jahresgespräche durch den Führenden sorgfältig *vorbereitet* und anschließend umfassend *protokolliert* werden.

▶   **Leitsatz** Mitarbeiterjahresgespräche beinhalten die Bilanzierung der
    Arbeitsleistung des Mitarbeiters, die Planung seiner Aufgaben und
    Ziele sowie die Beleuchtung seiner langfristigen, beruflichen Fortent-
    wicklungsmöglichkeiten. Um den Erfolg der Jahresgespräche sicher-
    zustellen, sind eine sorgfältige Vorbereitung und die Protokollierung
    der Gespräche essenziell.

7.2 Vorbereitung des Mitarbeiterjahresgesprächs

Das Mitarbeiterjahresgespräch bereiten meine Kanzleileitung und ich während des gesamten Jahres vor, indem wir unsere Agenda für die Gespräche entwickeln. Für die Gespräche fertigen wir eine Liste mit verschiedenen Gesichtspunkten vor, die wir mit dem Mitarbeiter durchgehen möchten. Diese Agenda beinhaltet für alle Gespräche die gleichen Kriterien, unterscheidet sich aber hinsichtlich der Notizen zu den individuellen Mitarbeitern. Diese Vorbereitung kann man nicht zwei Tage vor dem Termin beginnen, sondern sie muss von langer Hand stattfinden. Meine Kanzleileiterin und ich führen hierfür jeweils ein Notizbuch, das wir zu besserer Übersicht in verschiedenen Farben angelegt haben: ihr Buch besitzt einen roten Einband – meines einen blauen (siehe Abb. 7.2). In diese Bücher tragen wir während des Jahres unsere sämtlichen Eindrücke und Gedanken zu jedem unserer Teammitglieder ein. Wir haben uns ganz bewusst für eine analoge Erfassung der Notizen entschieden, damit wir unseren Mitarbeitern im Gespräch nicht mit einem Laptop oder Tablet gegenübersitzen müssen.

Abb. 7.2 Das blaue und das rote Notizbuch (Online farbig)

In die Bücher tragen wir beispielsweise Gedanken zu dem Thema der Innovationskraft eines Mitarbeiters ein: Zum Beispiel könnte mir aufgefallen sein, dass ein Mitarbeiter die Neuerungen in der Kanzlei nicht vollständig mitträgt oder sich in diesem Bereich stärker engagieren könnte. In diesem Beispielsfall könnte der Mitarbeiter sich stärker dafür einsetzen, dass ein großer Mandant beginnt, seine Belege digital zu erfassen. Trete ich dem Mitarbeiter nun in dem Gespräch gegenüber, genügt es nicht, dass ich ihm pauschal vorschlage, dass er „mehr auf dem Gebiet der Innovation oder Digitalisierung" tun sollte, sondern ich muss meine Kritikpunkte nicht nur substanziiert vortragen können, sondern ihm auch einen konkreten Handlungsraum eröffnen. Nur wenn ich konkrete Wege und Verhaltensweisen aufzeige und diese gemeinsam mit dem Mitarbeiter bespreche, kann er diesen Bereich aktiv angehen und verändern.

Der zweite Grund für das Führen der Bücher ist, dass es uns zwingt, uns mit dem Verhalten und den Leistungen meiner Mitarbeiter sehr genau auseinanderzusetzen. Wenn man diese Anstrengung nicht ganz bewusst leistet, sitzt man als Kanzleiinhaber schnell in einer Art „Elfenbeinturm", in dem man nur das wahrnimmt, was einem gefällt. Infolgedessen handelt man beliebig und eine solche Vorgehensweise wäre natürlich fatal. Außerdem erinnern wir uns immer an die Erlebnisse am lebhaftesten, die nur wenige Tage zurückliegen. Würde man immer nur diese frischen Erinnerungen in dem Gespräch mit dem Mitarbeiter stark thematisieren, wäre dies äußerst ungerecht, denn schließlich hat er das ganze Jahr viele Leistungen erbracht und Aufgaben erfüllt.

In der Praxis kann das beispielsweise so aussehen: Dieses Jahr gab es in meiner Kanzlei eine Kündigung eines Mandanten, die etwas unschön verlief. Der Mandant war sehr aufgebracht und hat seine Wut stark an dem betreffenden Mitarbeiter ausgelassen. Der Auftragsverlust war für mich völlig unproblematisch, da wir es uns zum Ziel gesetzt haben, nur mit Mandanten zu arbeiten, die auch zu uns passen. Es war mir jedoch sehr positiv aufgefallen, dass der Mitarbeiter, ein junger Mann, angesichts der offenen Aggression des Kunden sehr besonnen reagierte. Trotz aller Provokationen blieb er sehr zurückhaltend und ließ sich zu keinerlei Ausbrüchen hinreißen. Dieses positive Verhalten habe ich mir sogleich in mein Notizbuch eingetragen, damit ich mich in sieben Monaten später bei den Mitarbeiterjahresgesprächen auf jeden Fall an die Situation erinnere. Neben erfreulichen Ereignissen halte ich natürlich auch fest, wenn Probleme auftreten, denn auch in diesen Fällen ist mein Erinnerungsvermögen leider nicht unbegrenzt.

Die Absprachen und das gegenseitige Spiegeln unserer Beobachtungen und Gedanken zu den Teammitgliedern zwischen meiner Kanzleileitung und mir ist ein weiterer wesentlicher Schritt in der Vorbereitung auf die Mitarbeiterjahresgespräche. Hierzu setzen wir uns zusammen und gehen unsere jeweiligen Einträge gemeinsam durch und beleuchten unsere Eindrücke nochmals sehr genau: schätzt der andere die Leistung genauso ein? Welche Dinge erinnern wir unterschiedlich? Diese Überprüfung der persönlichen Einsichten finde ich außerordentlich wichtig, denn manchmal spielt einem die eigene Wahrnehmung einen Streich. Auf diese Weise gehen wir sehr gut vorbereitet in die Gespräche und hoffen nicht auf eine „spontane Eingebung" vor Ort. Da wir Mitarbeiterjahresgespräche getrennt mit jeweils einem Mitarbeiter vornehmen, legen wir vorab fest, wer den ersten und zweiten Teil des Mitarbeiterjahresgesprächs und mit welchen Inhalten führt. Auf diese Weise vermeiden wir, dass sich unsere Gesprächsinhalte für den Mitarbeiter wiederholen.

Nach dem Gespräch zwischen der Kanzleileitung ergänze ich mein Notizbuch mit den Einträgen meiner Kollegin. Hierzu kopiere ich mir diese und klebe sie anschließend in mein Buch ein. Nach unserem Gespräch trägt meine Kanzleileitung ihre Notizen in ihr Buch ein und ich schreibe meine Gesprächsergebnisse ebenfalls in mein Buch (siehe Abb. 7.3). Anschließend kopiere ich mir erneut die neuen Seiten meiner Kollegin und klebe diese wiederum in mein Buch ein. Nach diesem Vorgang liegen in meinem blauen Buch alle unsere gemeinsamen Gedanken und Einträge des gesamten Jahres vor.

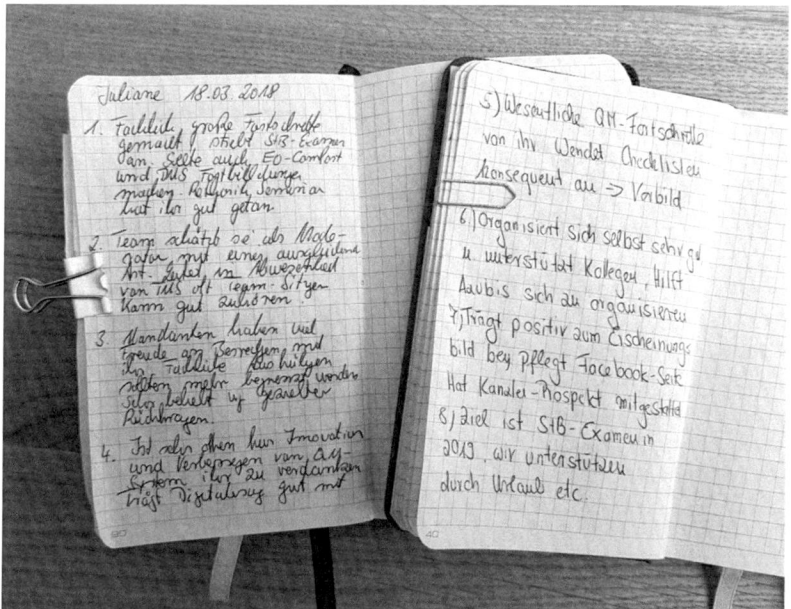

Abb. 7.3 Notizen für die Mitarbeiterjahresgespräche

7.3   Vorbereitung der Mitarbeiter auf das Gespräch

Meine Mitarbeiter kennen selbstverständlich unsere Arbeits- und Vorbereitungs-
weise und bereiten sich ihrerseits auf die Gespräche vor. Die meisten von ihnen
bringen einen Zettel zu dem Gespräch mit, auf dem sie sich notiert haben, welche
Gesichtspunkte sie mit uns besprechen möchten.

7.4   Ziele des Mitarbeiterjahresgesprächs

Was genau sind die Ziele unsere Mitarbeiterjahresgespräche? Mithilfe der Einträge in dem Buch gehen wir in den Gesprächen alle relevanten Punkte der letzten
zwölf Monate durch. Da wir bereits mit den Mitarbeitern ständig im Gespräch
sind, fassen wir bei dieser Unterredung nochmals die wichtigsten Punkte (siehe
Abb. 7.4) zusammen. In der Regel sprechen wir über die Ziele des Mitarbeiters
für die kommenden zwölf Monate sowie die Bereiche, in denen eventuell Ent-
wicklungsbedarf besteht. Es geht also um geplante oder bereits absolvierte Fortbildungen oder die Frage, wie man Innovationen anstößt oder stärker mitträgt.
Die großen Veränderungen werden zwar von der Kanzleileiterin angestoßen, aber
wir gehen gemeinsam der Frage nach, wie das Team mit den Neuerungen aus-
kommt. Darüber hinaus beleuchten wir das Verhältnis des Mitarbeiters zu mir, der
Kanzleileitung sowie zu den Mandanten. Weitere mögliche Fragen sind bei uns:
Wie gefällt dem Mitarbeiter sein Arbeitsfeld? Ist er mit diesen weitgehend zufrieden? Wie viele verschiedene Tätigkeiten möchte er machen? Wo liegen seine/ihre
Interessengebiete? Mit welchen Maßnahmen möchte er/sie gefördert werden?
Wie ist der Arbeitsplatz gestaltet? Mit wem möchte er/sie zusammensitzen und
aus welchen Gründen? Besteht ein Veränderungswunsch bezüglich des Arbeitsplatzes? Einen für jeden Betrieb gültigen Fragenkatalog gibt es selbstverständlich
nicht, vielmehr sollte sich dieser nach den Bedürfnissen der jeweiligen Kanzlei
richten.

Zudem beleuchten wir die Arbeitsleistung des Mitarbeiters über das Jahr hinsichtlich wichtiger Gesichtspunkte, wie das Vorantreiben der Innovation, den
empathischen Umgang mit Kollegen und Mandanten sowie die Teamfähigkeit
des Mitarbeiters. In dieser Hinsicht deckt sich unsere Gesprächs-Agenda mit den
Gesichtspunkten des von mir speziell entwickelten *Vergütungssystems,* das ich
Ihnen in Kap. 10 vorstellen werde.

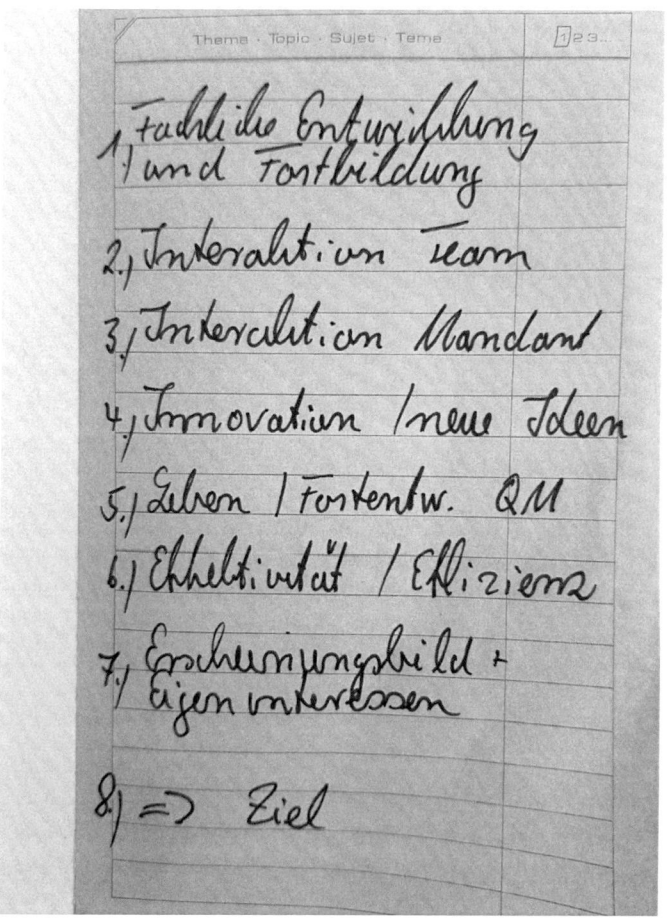

Abb. 7.4 Gesprächsagenda

7.5 Ablauf des Gesprächs

Es gibt also viel zu besprechen, daher teilen meine Kanzleileiterin und ich die Gespräche immer zwischen uns auf. Unsere Gespräche führen wir grundsätzlich als „walking conference" durch, was bedeutet, dass meine Kanzleileiterin und ich mit zwei Mitarbeitern über die Mittagszeit einen Spaziergang unternehmen. Den

Ort der *walking conference* entscheiden wir spontan nach dem Wetter. Sobald wir den Ort erreicht haben, teilen wir uns in zwei Gruppen auf: Meine Kanzleileiterin geht mit einem der Mitarbeiter eine Dreiviertelstunde spazieren, während ich mit dem anderen Mitarbeiter unterwegs bin. Anschließend tauschen wir die jeweiligen Gesprächspartner aus und unternehmen jeweils eine weitere Gesprächsrunde von einer Dreiviertelstunde.

Das Modell der *walking conference* hat sich in meiner Kanzlei stark bewährt, denn so sitzen wir nicht im Büro bei Wasser und Kaffee, sondern bewegen uns im Freien. Sowohl für die Mitarbeiter als auch für mich ist es eine positive Abwechslung, an einem Arbeitstag Abstand zu dem Büro, dem Telefon und dem E-Mail-Account zu erhalten. Die frische Luft und die Bewegung regt den Denkprozess zusätzlich an, sodass die Gespräche besonders produktiv verlaufen. Insgesamt gewinnt das Gespräch hierdurch an mehr Dynamik und Schwung. Manchmal nutze ich dieses Gespräch auch dazu, den Mitarbeitern zusätzlich ein paar schöne Ecken unseres Landkreises zu zeigen, die sie noch nicht kennen.

Exkurs: „Ab an die frische Luft!" – warum Gespräche im Freien so erfolgreich sind
Die Wissenschaft beweist es: Spazierengehen macht kreativer, vitalisiert, verbindet und verschafft den Spaziergängern gute Laune. Wie verschiedene Studien (Gielas 2018) zeigen, hebt bereits ein zwölfminütiger gemeinsamer Spaziergang die Stimmung und zwar auch dann, wenn die Versuchsteilnehmer diesen Effekt bei sich bezweifeln. Zudem regt das Gehen die Kreativität an. Im Rahmen des „Guildford's Alternative Use"-Tests (Gielas 2018) belegten die Forscher einen Anstieg von 80 % des Ideenreichtums der Probanden, nachdem diese einen zehnminütigen Spaziergang unternommen hatten. Das gemeinsame Schlendern stärkt außerdem die soziale Bindung, wie Wissenschaftler an der psychologischen Fakultät der Columbia University, New York, in einer Studie (Gielas 2018) dokumentierten. Ob man durch schöne Landschaften oder ein urbanes Umfeld spaziert, ist hierbei übrigens unerheblich, denn: nicht die schöne Aussicht, sondern die Bewegung bringt den Effekt (Gielas 2018).

Nach der *walking conference* gehen wir gemeinsam zum Mittagessen in ein Restaurant und besprechen die Agenda nochmals im Viererkreis. Zum Abschluss machen wir von jeder Viergruppe ein Gruppenbild. Die Mitarbeiter schätzen diese Gespräche sehr und ich schätze sie gleichermaßen, obwohl der Zeitaufwand insgesamt relativ hoch ist. Mit An- und Abreise kalkulieren wir pro *walking conference* etwa 3,5 h. In Abb. 7.5 und 7.6 finden Sie Eindrücke von einer unserer *walking conferences*.

Abb. 7.5   Unterwegs bei einem Mitarbeiterjahresgespräch

7.6   Der Gesprächseinstieg

Wie steigen wir in die Unterredung mit dem jeweiligen Mitarbeiter ein? Das hängt ganz von dem betreffenden Mitarbeiter ab, denn wir beginnen das Gespräch gerne mit einem persönlichen Bezug. Ist ein Mitarbeiter beispielsweise FC Bayern Fan, erkundigen wir uns, wie der Verein sich gerade macht. Dies bietet einen schnellen Gesprächseinstieg, von dem man anschließend auf die Gesprächs-Agenda überleiten kann. Eine andere Mitarbeiterin von mir engagiert sich stark

Abb. 7.6 Ausblick bei einem Mitarbeiterjahresgespräch

im Trachtenverein. Bei ihr fragen wir nach, was sich im Verein Neues tut. Grundsätzlich bemühen wir uns stets, die persönlichen Interessen der Mitarbeiter
anzusprechen, doch dies kann nur dann gelingen, wenn man weiß, wofür der Mitarbeiter „brennt". Der persönliche Einstieg darf auf keinen Fall phrasenhaft oder
nicht wirklich interessiert („Sie machen doch irgendetwas mit komischen Kos-
tümen oder so? Oder waren es Trachten?") wirken, sodass der Mitarbeiter sich
eher zurückgewiesen oder nicht persönlich angesprochen fühlt. Ein gewisses Einfühlungsvermögen ist auch hier die notwendige Grundvoraussetzung.

7.7 Die Tonalität des Gesprächs

Wie bereits oben ausgeführt, behandeln wir die vorbereitete Agenda in den Mitarbeiterjahresgesprächen. Hierbei ist es mir besonders wichtig, dass die Unterredungen stets überwiegend positiv verlaufen. Natürlich passieren über die Jahre immer mal wieder kleine Schnitzer oder gar fachliche Fehler. Beispielsweise ist meiner Kanzlei im letzten Jahr durch eine versäumte Frist ein Schaden von 3000 EUR entstanden, da ein Steuerbescheid durch den Bearbeiter fälschlich als korrekt eingestuft wurde. Das Malheur haben wir aber bereits zu der Zeit ausführlich besprochen, als der Fehler dem betreffenden Mitarbeiter unterlaufen ist. Zu dem damaligen Zeitpunkt haben wir gemeinsam beraten, wie man solche Fehleinschätzungen in der Zukunft besser vermeiden kann. Daher verweise ich bei dem Mitarbeiterjahresgespräch nur noch kurz auf den Vorfall und konzentriere mich auf andere Aspekte der Gesamtleistung des Mitarbeiters.

Auf keinen Fall veranstalte ich bei dem Mitarbeiterjahresgespräch eine Art „Schlachtfest", indem ich mein Gegenüber mit negativer Kritik überziehe, alte Fehler „ewig aufwärme" und darauf beharre, den Mitarbeiter noch ein drittes und viertes Mal über denselben Sachverhalt zu belehren. Diese positive Grundhaltung wird von den Mitarbeitern übrigens gleichermaßen erwidert. Zwar habe ich auch Mitarbeiter, die ihre mögliche Kritik an mich recht konfrontativ äußern, doch auch diese Unterredungen sind von einer überwiegenden Positivität geprägt. Diese Mitarbeiter machen aus ihrem „Herzen zwar grundsätzlich keine Mördergrube", doch wir sind aufgrund dieser Offenheit immer miteinander vollständig im Reinen. Problematischer fände ich es, wenn Kritikpunkte nicht angesprochen würden und diese stattdessen im Hintergrund – von mir möglicher Weise unbemerkt – das Betriebsklima verschlechtern würden.

Wie bei allen anderen Mitarbeitergesprächen nehme ich mich bei den Jahresgesprächen sehr stark zurück, um dem Mitarbeiter möglichst viel Raum zu geben, sich mir mitzuteilen. Hierbei ist das empathische Nachfragen mein zentrales Gesprächswerkzeug. Gerade in diesen Unterredungen versuche ich zu 80 % zuzuhören und nur maximal zu 20 % selbst das Wort zu führen.

7.8 Die Nachbereitung des Gesprächs

Nach dem Gespräch notieren meine Kanzleileitung und ich uns sämtliche Ergebnisse und neuen Zielvereinbarungen. Außerdem notieren wir uns die Innovationsanregungen und sonstigen Hinweise der Mitarbeiter. Neben den persönlichen Zielen und Anregungen zu unseren Innovationsvorhaben erhalten wir immer sehr viele nützliche Tipps durch die Mitarbeiter. Vonseiten der jüngeren Mitarbeiter kam beispielsweise der Vorschlag, die Website zu überarbeiten und einen Facebook-Account für die Kanzlei einzurichten, um jüngere Mandanten und potenzielle Bewerber zu erreichen.

Eine Mitarbeiterin des Sekretariats schlug vor, dass man den Empfangsbereich besser gestalten könnte, was wir umgehend umgesetzt haben. Manchmal sind es auch nur Kleinigkeiten, die trotzdem den Alltag verändern: beispielsweise wurde angemerkt, dass wir unsere Tassen immer einzeln aus dem Besprechungszimmer tragen. Daraufhin wurde schnell ein Tablett bestellt und das Abräumen nach Besprechungen so erheblich verkürzt. Kleine Details werden niemals als zu profan abgetan, wenn sie geeignet sind, die Zusammenarbeit oder die Prozesse zu verbessern.

In meinem Notizbuch erfasse ich als Protokoll sämtliche Gesichtspunkte, die in den Einzelgesprächen behandelt wurden. Falls es längere Projekte gibt, wie beispielsweise eine Fort- oder Weiterbildung oder das Fachexamen zum Steuerberater, habe ich natürlich den aktuellen Stand erfragt und notiere mir diesen ebenfalls. Grundsätzlich sind Fortbildungen für die Kanzlei nicht ohne Aufwand, da der Mitarbeiter drei Monate nur begrenzt zur Verfügung steht und ich einen Teil der Kosten mittrage. Meine Notizen liefern mir auf diese Weise eine gute Grundlage für das nächste Gespräch.

Gibt es größere Projekte, die mehrere oder alle Mitarbeiter betreffen, informieren wir im nächsten Schritt das Team über die Anregungen oder Neuigkeiten in der nächsten Teambesprechung, sodass alle auf den gleichen Kenntnisstand gesetzt sind.

Briefe an die Mitarbeiter

Nach den Gesprächen schreibe ich an jeden einzelnen Mitarbeiter einen persönlichen, handgeschriebenen Brief (siehe Abb. 7.7). In dem Brief halte ich alle wichtigen Gesichtspunkte der Unterredung und die gemeinsamen Zielvereinbarungen fest. Für diese Aufgabe habe ich mir spezielle Blöcke aus handwerklich hergestelltem Papier mit meinem Namenszug anfertigen lassen, da ich eine kleine Schwäche für die haptische Qualität des Handgeschriebenen pflege. Im Gegensatz zu einer E-Mail ist ein Brief nicht so flüchtig und kopierbar. Auf diese Weise erhält jeder Mitarbeiter nicht nur einen Beleg über alle besprochenen Inhalte, sondern auch ein kleines Erinnerungsstück.

Abb. 7.7 Brief an einen Mitarbeiter

7.9 Schlussüberlegungen

Manchmal erzählen mir meine Mitarbeiter von den Kanzleien, in denen sie früher gearbeitet haben und in denen nicht so häufig miteinander gesprochen wurde wie bei uns. Diese Mitarbeiter schätzen es besonders, dass die Kommunikation in meiner Kanzlei so ganz anders gehandhabt wird. Vor einigen Jahren war dies bei uns allerdings auch noch etwas anders: Zwar haben wir immer sehr viel miteinander gesprochen, dennoch hatte die Kommunikation nicht den gleichen Umfang wie heute. Heute kommen alle Probleme und Fragen immer sofort auf den Tisch.

Bevor wir diesen neuen Gesprächsstil ausgebildet hatten, geschah es manchmal, dass bei den Mitarbeiterjahresgesprächen plötzlich für mich völlig unerwartete

Sachverhalte zur Sprache kamen. Damals hatte ich für die Gespräche häufig nicht genügend Zeit eingeplant, da ich mit den Problemen nicht gerechnet hatte. Das Gespräch war also mit einer halben Stunde angesetzt und zog sich plötzlich knapp drei Stunden hin. Solche Überraschungen erleben wir heute bei den Gesprächen nicht mehr. Meine Mitarbeiter wissen, dass sie mich jederzeit mit allen Belangen ansprechen können. Auch sind sie jederzeit willkommen, meine Kanzleileiterin und mich zu kritisieren, zu loben oder Anregungen jeglicher Art zu machen.

7.10   Zwischenfazit

Die Mitarbeiterjahresgespräche sind die zentralen Beurteilungsgespräche des jeweiligen Jahrs. Die Mitarbeiterjahresgespräche sollten grundsätzlich anhand einer Gesprächs-Agenda durchgeführt werden, die dem Vergütungssystem der Kanzlei entspricht und die die Leistung des Mitarbeiters während des gesamten Jahres abbildet. Ein großer Vorteil ist es, wenn die Einschätzungen des Kanzleiinhabers über den zu beurteilenden Mitarbeiter von einer weiteren Führungsperson gespiegelt und kritisch beurteilt werden. Neben dem aktiven Zuhören und sich selbst Zurücknehmen ist es von überragender Bedeutung, dass die positiven Aspekte in der Unterredung überwiegen. Wohlwollen und Lob sind grundsätzlich stärker geeignet, die Mitarbeiter zu motivieren, als kleinliche Kritik. Anhand eines sorgfältigen Gesprächsprotokolls erhält man eine Grundlage für die kommenden Gespräche, in denen man überprüfen kann, ob die gesetzten Ziele erreicht wurden.

Literatur

Gielas, A. (2018). Ab nach draußen! – 6 Gründe, warum Sie spazieren gehen sollten. *Psychologie Heute, 2018*(4), 38, 39.

Teammeetings – Mitarbeitergespräche im Team

8

Nachdem die vorherigen Kapitel einige spezielle Gesprächsarten behandelten, beschäftigt sich dieses Kapitel mit dem Mitarbeitergespräch mit mehreren Mitarbeitern oder dem gesamten Team. Eine Teambesprechung findet in meiner Kanzlei beispielsweise jeden Dienstag mit allen Mitarbeitern statt, in der alle wichtigen Belange der Woche besprochen werden. Obwohl in fast allen Kanzleien Teamgespräche mehr oder weniger üblich sind, scheuen sich manche Kanzleiinhaber oder Führende vor dieser Art von Unterredung. Gelegentlich wird Teambesprechungen nachgesagt, sie seien nicht effektiv, zu zeitaufwendig und nicht geeignet, das Team zu motivieren. Dem kann ich nicht zustimmen, vielmehr halte ich diese Art der Besprechungen für ein sehr wirksames Instrument, um die Mitarbeiter schnell auf den gleichen Kenntnisstand zu setzen und eine hohe Transparenz im Unternehmen herzustellen. Dieses Kapitel stellt Ihnen eine Reihe von Methoden und Gesichtspunkten vor, anhand derer Sie Ihre Teamsitzungen noch erfolgreicher gestalten können.

8.1 Bestandsaufnahme: Worin liegt das Problem?

Falls Sie in der Vergangenheit erlebt haben, dass die Teambesprechungen in Ihrer Kanzlei nicht wie gewünscht abgelaufen sind, nehmen Sie sich kurz Zeit für eine kleine Bestandsaufnahme. Nehmen Sie sich einen Stift und ein Blatt Papier und notieren auf der einen Seite die Symptome der misslungenen Besprechung. Diese können beispielsweise sein: „Es brachen plötzlich Konflikte zwischen einzelnen Mitarbeitern oder Abteilungen auf", „Es wurden unangenehme Themen angesprochen, mit denen keiner gerechnet hatte" oder „Es dauerte alles viel zu lang – doch trotz umfangreicher Redezeit war das Ergebnis schließlich eher gering". Nachdem Sie die Probleme benannt haben, priorisieren sie diese nach ihrer Dringlichkeit.

© Springer Fachmedien Wiesbaden GmbH, ein Teil von Springer Nature 2018
T. Siegel, *Mitarbeitergespräche in Steuerkanzleien,*
https://doi.org/10.1007/978-3-658-21875-1_8

Welches der Gesprächshindernisse müsste als erstes ausgeräumt werden, damit Sie die Teambesprechungen wieder effizienter gestalten können?

Anschließend notieren Sie sich auf der gegenüberliegenden Seite die mögliche Ursache, warum die Sitzungen in dieser unerwünschten Weise verlaufen. Wenn bestimmte Abteilungen sich „anfeinden", liegt dem oft ein struktureller Mangel zugrunde, weil beispielsweise die Schnittstellen unzureichend ausgestaltet sind. Worin immer die prozessualen Mängel liegen, diese sollten zunächst beseitigt werden, um eine höhere Effizienz und ein besseres Betriebsklima herzustellen, in dem konstruktive Teamsitzungen wieder möglich sind. Werden in Teambesprechungen regelmäßig Probleme angesprochen, die nicht auf der Tagesordnung vorgesehen sind, mangelt es den Mitarbeitern eventuell an anderen Gelegenheiten, auf Missstände oder aus ihrer Sicht wichtige Gegenstände aufmerksam zu machen. In dieser Konstellation wäre es ratsam, mit den Mitarbeitern vorab regelmäßig in Kontakt zu treten. Haben Sie stattdessen das Gefühl, dass in den Teambesprechungen häufig am Thema vorbeigeredet wird, müssen vielleicht die Zielvorgaben in den Besprechungen deutlicher herausgearbeitet und die Sitzungen stärker moderiert werden. Nähere Hinweise hierzu erhalten Sie in den folgenden Abschnitten.

Ist die Stimmung in Teamsitzungen häufig betrübt, sollte man als Führender die eigene Einstellung zu Teambesprechungen einer genauen Überprüfung unterziehen. Empfindet der Vorgesetzte die Sitzung als notwendiges Übel, das nur Zeit raubt, besteht die Gefahr, dass er diese Einstellung in die Sitzung mithineinträgt und er diese so unbewusst „sabotiert" (Braig und Wille 2012).

8.2   Vorbereitung der Besprechung

Für Teamsitzungen ist eine entsprechende Vorbereitung äußerst hilfreich. Wenn Sie verhindern möchten, dass die Diskussion sich ins Uferlose ausweitet, legen Sie vorab nicht nur die Tagesordnungspunkte fest, sondern notieren sich zusätzlich Ziele, die Sie am Ende der Besprechung erreichen möchten. Scheint das Ergebnis der Sitzung fraglich, ist es hilfreich – wie bereits in Abschn. 3.1 erläutert – Mindest-, Maximal- und Alternativziele festzulegen.

Für unsere wöchentlichen Teamsitzungen ziehen wir einen Leitfaden heran, den wir den aktuellen Anforderungen der Woche entsprechend anpassen. Dieser Leitfaden sieht folgende generelle Tagesordnungspunkte vor: neue Mandanten, ausgeschiedene Mandanten, besuchte Seminare, fachliche „News" sowie den Tagesordnungspunkt „Sonstiges", unter dem alles andere besprochen wird.

Planen Sie, wie viel Zeit Sie für die einzelnen Tagesordnungspunkte verwenden möchten, sodass Sie für die Sitzung einen genauen Zeitplan vorliegen haben.

8.3 Ablauf der Teamsitzung

Nachdem Sie die Sitzung vorbereitet haben, kann es loslegen. Die Besprechung sollte an einem geeigneten Ort stattfinden, an dem Sie möglichst ungestört sind und alle Teilnehmer gute Sitzmöglichkeiten mit Sicht auf jeden Teilnehmer haben. Manche Autoren schlagen vor, dass man Teambesprechungen im Stehen abhalten sollte, sodass die Teilnehmer weniger in Versuchung geraten, zu „schwatzen". Dies halte ich jedoch nicht für zuträglich, zum einen können Unterlagen schlecht im Stehen mitgeführt werden, zum anderen sollte man auch hier sein Vertrauen in die Mitarbeiter zeigen und davon ausgehen, dass diese Teamsitzungen gut meistern.

Alle auf Anfang, bitte!
Bei vielen Sitzungen herrscht in den ersten Minuten eine gewisse Unruhe. Dies gilt insbesondere, wenn die Sitzung nicht als Erstes am Morgen stattfindet. Die Ursache für die Ruhelosigkeit ist, dass die Mitarbeiter kurz vor Sitzungen noch mit anderen Aufgaben und Kontexten beschäftigt waren und sich auf die neue Situation kurz neu einstellen müssen. Sicherlich hat jeder schon mal bei sich erlebt, dass man nicht sofort den „Kopf klar bekommt" und die vorherigen Aufgaben dort noch ein bisschen „herumspuken". Daher ist es hilfreich, in den ersten Minuten die Gruppe zunächst ein wenig auf die Besprechung einzustimmen, sich nach dem Befinden der Teilnehmer zu erkundigen und eine gelöste Atmosphäre herzustellen. Manche Autoren schlagen die sogenannte „Blitzlichtrunde"-Technik (Braig und Wille 2012) vor, in der jeder Teilnehmer am Anfang mit einem Satz sagt, was ihn gerade beschäftigt, um sich anschließend auf andere Inhalte konzentrieren zu können. Dieses Instrument ist insbesondere zu empfehlen, wenn die Stimmung etwas bedrückt ist und ansonsten die Kommunikation eher eingeschränkt ist. Auf diese Weise können die Mitarbeiter ihre Belange „loswerden" und der Kanzleiinhaber kann diese gegebenenfalls mit auf die Tagesordnung aufnehmen oder ein weiteres Gespräch für die neu genannten Gesichtspunkte anberaumen.

Nach der Einleitung geben Sie einen kurzen Überblick, welche Themen in der Sitzung behandelt werden sollen. Teilen Sie Ihren Mitarbeitern gegebenenfalls die Zeitvorgaben mit, falls Sie befürchten, dass das Gespräch ansonsten zu lange dauern würde. Nach meiner Ansicht sollte man mit Zeitbeschränkungen allerdings sparsam umgehen, daher lasse ich meine Mitarbeiter grundsätzlich immer so lange sprechen, wie Redebedarf besteht. Aufgrund der hohen Zufriedenheit in meiner Kanzlei und einer guten Personalauswahl wurde diese Art der Selbstbestimmung bisher noch nie benutzt, um Zeit zu schinden.

Partizipation und Moderation

Eine Identifikation der Mitarbeiter mit den Unternehmenszielen und Begeisterung ist nur durch die Beteiligung des Teams zu erreichen. Aus diesem Grund nehme ich mich auch in Teamsitzungen soweit wie möglich zurück und übergebe das Wort an meine Mitarbeiter. Soll das Team über bestimmte betriebliche, steuerrechtliche oder organisatorische Neuerungen in Kenntnis gesetzt werden, tragen die für den Fachbereich zuständigen Mitarbeiter die Inhalte vor. Meine Aufgabe als Kanzleiinhaber ist hierbei nur, auf die Richtigkeit, Vollständigkeit und Verständlichkeit des Vortrags zu achten und gegebenenfalls zu moderieren. Wird beispielsweise etwas vergessen, achte ich darauf, dass ich daraufhin nicht „das Wort an mich reiße", sondern gebe dem Mitarbeiter nur einen kurzen, freundlichen Hinweis, den betreffenden Gesichtspunkt zu ergänzen.

Manchmal ist es auch hilfreich, die Besprechung durch einen Mitarbeiter moderieren zu lassen, der darauf achtet, dass die Wortbeiträge nicht vom Thema abweichen oder das Zeitbudget gesprengt wird. Idealerweise rotiert diese Funktion unter den Mitarbeiter – beispielsweise je nach Fachgebiet. Hierbei ist es jedoch äußerst wichtig, den Mitarbeiter diese exponierte Position nicht einfach überzustülpen. Vielmehr sollte der betreffende Mitarbeiter diese Aufgabe gerne wahrnehmen wollen, was man zuvor gemeinsam – beispielsweise in einem Fördergespräch – identifiziert hat. Sofern ich an den Dienstagen nicht in der Kanzlei bin, leitet ein anderer Berufsträger die Mitarbeiterbesprechung. Diese findet übrigens grundsätzlich immer statt, auch wenn zum Beispiel zahlreiche Mitarbeiter urlaubsbedingt nicht anwesend sind.

Aufgabenverteilung

Jeder einzelne Tagesordnungspunkt sollte mit dem Erreichen des Ziels enden. Sollten alle Mitarbeiter informiert werden, ist das Ziel erreicht, wenn das Team keine weiteren Fragen mehr hat. In anderen Fällen hat die Gruppe in der Besprechung beispielsweise ein Problem identifiziert, für das bis zur nächsten Besprechung nun Lösungsvorschläge entwickelt werden sollten. Im besten Fall verteilen die Mitarbeiter die anfallenden Aufgaben selbstständig untereinander. Wird dieses Verantwortungsbewusstsein und die hohe Eigenständigkeit von dem Kanzleiinhaber entsprechend aufmerksam „gesehen" und sowohl im Feedback als auch durch ein holistisches Vergütungssystem (siehe Kap. 10) berücksichtig, kann man als Vorgesetzter mit einem dauerhaften Engagement der Mitarbeiter rechnen.

Protokoll

Nach Abschluss des Teammeetings ist es ratsam, ein Protokoll anzufertigen, das die Tagesordnungspunkte und alle wesentlichen Ergebnisse erfasst. Daher sollte gleich zu Beginn der Sitzung ein Protokollführer bestimmt werden. Nach der Erstellung kann das Protokoll den Mitarbeitern ausgehändigt werden, sodass jedes Teammitglied eine greifbare Erinnerung an die eventuellen Änderungen, Ziele und Ergebnisse erhält. Je nach Vorliebe ist auch eine Verteilung via elektronischen Rundbriefen möglich. Wir verteilen das Protokoll elektronisch per E-Mail, damit zum einen der Rohstoff Papier geschont wird und zum anderen auch abwesende Teammitglieder dieses Protokoll erhalten.

8.4   Fallbeispiel: Kick-off-Meeting Digitalisierung

Je früher Steuerberater auf eine digitale Arbeitswelt umstellen, desto besser: Die Entwicklung zu vollständig digitalisierten Prozessen einschließlich der Erstellung von Buchhaltungen, Abschlüssen und Steuererklärungen ist unaufhaltsam. Angenommen Sie haben als Kanzleiinhaber beschlossen, dass Sie in Ihrer Kanzlei die Digitalisierung weiter vorantreiben und Ihre Mandanten stärker bei der digitalen Erfassung der Daten beraten werden. Nun möchten Sie mit viel Schwung mit dieser Neuausrichtung starten und haben hierzu eine besondere Teambesprechung angesetzt: das Kick-off-Meeting.

Neben allen Mitarbeitern ist auch ein externer Vertreter der Firma bei dem Treffen anwesend, der das Dokumentenmanagementsystem entwickelt hat, für dessen Nutzung Sie sich zuvor entschieden haben. Mit der Besprechung möchten Sie als Kanzleiinhaber erreichen, dass alle Mitarbeiter auf den gleichen Kenntnisstand gesetzt werden, die anstehenden Veränderungen erörtert und die Aufgaben verteilt werden. Außerdem möchten Sie Ihr Team für die Neuerung begeistern und motivieren. Wie gehen Sie hierbei am besten vor?

Eine Übersicht über den Aufbau eines Kick-off-Meetings finden Sie hier:

Übersicht
1. Begrüßung durch den Projektleiter
2. Vorstellungsrunde
3. Vermittlung der Projektziele und Erwartungen
4. Erklären aller Vorteile des Projekts
5. Offenlegung des Projektplans
6. Klärung der Rollen, Aufgaben, Verantwortlichkeiten und Zuständigkeiten
7. Klärung der Kommunikationswege im Projektverlauf
8. Feedbackrunde: Zweifel, Bedenken und Anregungen
9. Motivation der Projektbeteiligten

Üblicherweise beinhaltet ein Kick-off-Meeting folgende Punkte: Zunächst begrüßt der Kanzleiinhaber oder Vorgesetzte die Teilnehmer. Da ein externer Gast an dem Treffen teilnimmt, folgt eine kurze Vorstellungsrunde. Anschließend stellen Sie kurz die Ziele der Digitalisierung vor: Dies könnte beispielsweise sein, dass der Beratungsprozess in einem Zeitraum von drei Jahren vollständig digital erfolgen soll. Anschließend erläutern Sie, warum diese Umstellung nicht nur unumgänglich, sondern auch einen großer Vorteil für Ihre Kanzlei bedeutet.

Im nächsten Schritt legen Sie den Projektplan zur Digitalisierung dar. Dieser umfasst in der Regel die im folgenden Abschnitt dargestellten typischen Stufen.

8.5 Exkurs: Übersicht eines Projektplans zur Umsetzung der Digitalisierung

Die sieben Stufen der Digitalisierung
1. **Schulung des Personals** in Workshops und Einführung in die einzelnen Umsetzungsschritte.
2. Einführung eines **Dokumentenmanagementsystems**
   Der externe Gast (Vertreter der von Ihnen gewählten Softwarefirma) nimmt in diesem Beispiel an der Sitzung teil und kann einen kurzen Überblick über die geplanten Software-Schulungen für die Mitarbeiter geben.
3. **Auslagerung von Rechnerkapazitäten an Drittanbieter/ASP (Application Service Providing)**
   Viele Kanzleien übertragen die Aufgaben der Datensicherung (und teilweise der Softwarenutzung) an einen Drittanbieter.
4. Auswählen von bestimmten **Mandanten als Pilotgruppe**
   Hierzu muss zunächst untersucht werden, ob die Schnittstellen bei den ausgewählten Mandanten bereits vorhanden sind oder erst geschaffen werden müssen. Wer nimmt das Scannen der Daten vor? Wenn der Mandant scannt, lassen sich die Daten in das System Ihrer Kanzlei problemlos einlesen?
5. **Digitale Beratung für Mandanten**
   Zumeist muss eine Strategie entwickelt werden, wie Ihre Kanzlei die Mandanten für die Digitalisierung gewinnen kann. Hierzu sollte ein Umsetzungsplan entwickelt werden, der aufzeigt, in welcher Reihenfolge und Form Sie an die Mandanten herantreten möchten und wie Sie diesen die Vorteile der Digitalisierung bestmöglich darstellen.

6. **Optimierung der internen Prozesse**
Im nächsten Schritt sollten die internen Prozesse an die Digitalisierung angepasst und optimiert werden. Es stellt sich demnach die Frage, wie man die Vorgänge, die zuvor nur auf Papier abgebildet waren, nicht nur digital transformiert, sondern gleichzeitig die Übertragung, Bearbeitung und Sicherung der Daten verbessert.
Im Zuge der Umstellung nehmen viele Kanzleien Cloud-basierende Lösungen von Drittanbietern in Anspruch, um die eigenen Prozesse zu entlasten. Hierbei ist mit einzubeziehen, dass die Mandanten unterschiedliche Ansprüche an diese Lösungen stellen, sodass sie eventuell verschiedene Lösungen in Ihr Angebot aufnehmen sollten.

7. **Externe Kommunikation** anpassen
Nachdem die Umstellung erfolgt ist, gilt es, die Neuerungen nach außen zu kommunizieren. Stellen Sie auf Ihrer Website vor, welche neuen Dienstleistungen Sie im Angebot und welche Lösungen von Drittanbietern Sie in Ihre Prozesse integriert haben. Auf diese Weise können Sie den Innovationsvorteil, den eine Umstellung zu diesem Zeitpunkt noch darstellt, bestmöglich nutzen.

Nachdem Sie den Projektplan (Stufen der Digitalisierung) erläutert haben, klären Sie, wer welche Aufgabenverteilungen, Verantwortungen und Zuständigkeiten übernimmt und legen Sie fest, wie im Rahmen des Projekts miteinander kommuniziert werden soll. Um das Team für Ihr Vorhaben zu gewinnen, sollten Sie die Teilnehmer an der Diskussion stark beteiligen und motivieren, worauf ich in dem nachfolgenden Abschnitt etwas genauer eingehen möchte.

8.6 Mit Motivation im Kick-off-Meeting zum Projekterfolg

Das gute Gelingen des Kick-off- Meetings nimmt einen starken Einfluss auf den Erfolg Ihres Projektes. Daher darf auf keinen Fall der Eindruck entstehen, dass Meeting sei schlecht vorbereitet. Hier finden Sie eine kurze Übersicht über einige der wichtigsten Gesichtspunkte, die Sie bei einem Kick-off-Meeting berücksichtigen sollten.

Teamvorstellung und Rollenverteilung

Nehmen externe Gäste an der Besprechung teil, ist es wichtig, dass die Beteiligten – wie bereits oben besprochen – sich einander zunächst vorstellen. Liegen den Sitzungsbeteiligten noch nicht alle Kontaktdaten (E-Mail, Telefon) aller Teilnehmer vor, sollten diese als Handreichung vorbereitet werden. Im Rahmen der Selbstvorstellung sollten die Beteiligten zudem ihr Aufgabenfeld und ihre Zuständigkeit benennen. Auf diese Weise wird eventuellen Kompetenzstreitigkeiten vorgebeugt und die Voraussetzungen für eine spätere, schnelle Aufgabenverteilung gemäß den jeweiligen Verantwortungsbereichen geschaffen. Darüber hinaus klären Sie an dieser Stelle bereits für alle Beteiligten, wer als Ansprechpartner für welchen Arbeitsbereich auftritt.

Einführung in das Sachthema

Das Kick-off-Meeting sollte dazu genutzt werden, alle Teilnehmer auf denselben Sachkenntnisstand zu setzen. Gerade in Hinblick auf die Digitalisierung der Kanzlei können sich die Vorkenntnisse Ihrer Mitarbeiter stark unterscheiden. Verwenden Sie das Kick-off-Meeting für ein umfassendes Briefing, sodass anschließend jedes Teammitglied die notwendigen Informationen besitzt, um die auf ihn zukommenden Aufgaben souverän bewältigen zu können.

Klare Ziele benennen

Damit ein Projekt seine Ziele erfolgreich erreichen kann, müssen diese konkret festgelegt werden. Legen Sie das Ziel des Gesamtvorhabens sowie diverse Teilziele fest und definieren Sie einen Zeitrahmen für diese Vorgaben. Achten Sie darauf, dass Sie jedem der Beteiligten vermitteln, warum das Projekt – in diesem Fall die Umstellung auf die Digitalisierung – so bedeutend und wichtig für die Kanzlei ist und welche Vorteile hieraus entstehen. Nur wenn alle Beteiligten die Sinnhaftigkeit des Projekts erkennen, werden sie mit voller Kraft das Projekt unterstützen. Um die Ziele glaubwürdig vertreten zu können, muss der Kanzleiinhaber oder Führende nicht nur selbst von der Notwendigkeit überzeugt sein, sondern er sollte die Innovation mit Freude vorantreiben. Sieht er die Umstellung eher als „notwendiges Übel", wird er das Team kaum für das Vorhaben begeistern können.

Motivieren durch Emotionen

Teilen Sie Ihre Begeisterung für das Vorhaben Ihren Mitarbeitern mit und zeigen Sie diesen die Vorteile der Umstellung auf: Viele einfache Sachverhalte können in Zukunft stark automatisiert werden, sodass sich die Mitarbeiter spannenderen Fällen zuwenden können. Das Suchen, Bündeln und Auffinden von Akten kann mithilfe des Dokumentenmanagementsystems mit nur einem Mausklick erledigt werden. Vermeiden Sie es, Ihrem Team nur trockene Zahlen und Fakten zu präsentieren, sondern beschreiben Sie anschaulich, wie die Umstellung den Arbeitsalltag Ihres Teams nachhaltig verbessern wird.

Schlussplädoyer
Gerade bei umfangreichen Projekten wie bei einer Umstellung auf die Digitalisierung werden viele verschiedene Inhalte in einem sehr kurzen Zeitraum angesprochen, sodass die Gefahr besteht, dass aufgrund der Fülle der Informationen einige wichtige Punkte nicht voll erfasst werden. Fassen Sie daher in Ihrem Schlusswort noch einmal die wesentlichen Punkte zusammen. Verdeutlichen Sie Ihre Zuversicht in das Vorhaben und in Ihr Team und geben Sie einen positiven Ausblick in die Zukunft, bevor Sie sich bei Teilnehmern zuletzt bedanken.

Protokoll
Vergessen Sie nicht, sämtliche wesentliche Gesichtspunkte zu protokollieren und den Teilnehmern auszuhändigen.

8.7 Zwischenfazit

Teambesprechungen sind ein äußerst wirksames und komplexes Führungsmittel. Falls Sie die Erfahrung gemacht haben, dass Teamsitzungen in Ihrer Kanzlei häufig ein wenig „aus dem Ruder" laufen, sollten Sie überprüfen, welche strukturellen Mängel hierdurch möglicherweise zum Ausdruck kommen. Damit Teambesprechung erfolgreich verlaufen, ist eine gute Vorbereitung mit Zeitplanung notwendig. Geben Sie Ihren Mitarbeitern zu Beginn des Meetings möglichst immer ein paar Minuten, sich innerlich auf den Gesprächsgegenstand einzustellen, bevor sie in den Sachgegenstand eintauchen.
Der Schlüssel zum Erfolg liegt in der Beteiligung der Mitarbeiter, den Sie nicht nur unbedingt genügend Redezeit einräumen sollten, sondern – falls möglich – auch die Gesprächsleitung übertragen können. Die besprochenen Tagesordnungspunkte, die gewonnenen Ergebnisse sowie die Aufgabenverteilung sollten anschließend in einem Protokoll erfasst werden, das die Grundlage für

weitere Teambesprechungen oder Einzel-Mitarbeitergespräche bildet. Schaffen Sie in Ihrer Kanzlei eine Kultur der Kommunikation, in der bewusst Freiräume für Teambesprechungen verschiedener Art möglich sind und integrieren Sie diese in Ihren Unternehmensalltag.

Literatur

Braig, W., & Wille, R. (2012). *Mitarbeitergespräche: Gesprächsführung aus der Praxis für die Praxis* (Sonderausgabe humbolt, S. 192). Hannover: Schlütersche Verlagsgesellschaft mbH & Co. KG (Erstveröffentlichung 2006, Orell Füssli Verlag AG, Zürich, 2010).

Teil III

Motivation, Kommunikation und Vergütung

Wertschätzung, Motivation und Kommunikation

9

Gute Arbeitsleistungen sind von vielen Faktoren abhängig: das Umfeld des Arbeitsplatzes, das Betriebsklima sowie der Schwierigkeitsgrad der zu bewältigenden Aufgaben. Um Motivation bei den Mitarbeitern zu erzeugen, muss die Interaktion zwischen der Kanzlei als Organisation und dem Mitarbeiter als Individuum in Einklang gebracht werden. In Kap. 6 dieses Buches wurden bereits die typischen Gesprächsformen behandelt, die der Motivation, dem Feedback und der Förderung von Mitarbeitern dienen. In diesem Kapitel wird der Themenbereich der Mitarbeitermotivation nun etwas umfassender beleuchtet. Wie motiviere ich als Kanzleiinhaber meine Mitarbeiter und wie kann ich ihre Leistungsbereitschaft allgemein steigern?

Um das eigene Team langfristig motivieren zu können, müssen mehrere Faktoren gegeben sein, die in diesem Kapitel vorgestellt werden. Als Kanzleiinhaber haben Sie die Möglichkeit, anhand bestimmter Maßnahmen und durch die Herstellung bestimmter Kriterien das Betriebsklima zu verbessern und die Leistungsbereitschaft Ihrer Mitarbeiter zu erhöhen. Eine zentrale Rolle spielen in diesem Zusammenhang die verschiedenen Ausprägungsformen der Wertschätzung, die in diesem Kapitel ebenfalls ausführlich behandelt werden.

9.1 Sinnhaftigkeit der Aufgaben

Was soll das Ganze überhaupt? Wenn sich Ihre Mitarbeiter häufig diese Frage stellen, ist es vermutlich um ihre Motivation nicht gut bestellt. Eine tatsächliche oder angenommene Sinnlosigkeit der Aufgaben ist ein echter „Motivations-Killer". Daher ist eine der wesentlichen Pflichten des Führenden, dem Mitarbeiter die Sinnhaftigkeit seiner Tätigkeiten zu vermitteln. In Steuerkanzleien sind diese zwar in der Regel durch den Beratungsprozess ersichtlich, sodass sich die eventuellen Zweifel

© Springer Fachmedien Wiesbaden GmbH, ein Teil von Springer Nature 2018
T. Siegel, *Mitarbeitergespräche in Steuerkanzleien,*
https://doi.org/10.1007/978-3-658-21875-1_9

der Angestellten zumeist nur auf bestimmte Kommunikations-, Archivierungs-
formen oder auf bestimmte Umstrukturierungsmaßnahmen wie beispielsweise die
Digitalisierung richten. Der Kanzleiinhaber und Führende sollte daher ein aufmerksames Ohr haben, um solche eventuellen Zweifel in seinem Team wahrnehmen und
anschließend überzeugend ausräumen zu können.

9.2 Teamorientierung

Finden alle ihre Mitarbeiter bei der Bewältigung ihrer Aufgaben die notwendige
Unterstützung? Wie wird in Ihrer Kanzlei damit umgegangen, wenn ein Mitarbeiter überfordert ist?

In den vorherigen Kapiteln wurde bereits der mitarbeiterorientierte Führungs-
und Kommunikationsstil ausführlich erläutert, nun ergänzen wir diesen um einen
weiteren Aspekt: die Teamorientierung.

Ein teamorientierter Führungsstil, der gelegentlich auch als „kooperativer
Führungsstil" bezeichnet wird, setzt die Leistung des Teams in das Zentrum der
eigenen Führungsstrategie. Im Zuge der Teamorientierung achtet der Führende
stark darauf, dass niemand überlastet wird und sorgt dafür, dass jeder Mitarbeiter
die erforderliche Unterstützung erhält. Dies ist nicht immer eine Budget-Frage,
da es auch in exzellent finanziell ausgestatteten Kanzleien vorkommen kann, dass
sich durch einen wenig teamorientierten Führungsstil Überforderung und Frustration im Team ausbreitet.

Im Rahmen eines teamorientierten Führungsstils gilt es, bestimmte Grund-
werte in der Kanzlei zu verankern, nach denen man sich im Team gegenseitig
hilft und nicht versucht, sich gegenseitig auszuspielen.

Das gegenseitige, positive und konstruktive Feedback ist eine der vielen Ausdrucksformen eines teamorientierten Führungsstils. Die Teamorientierung einer
Kanzlei ist ein wichtiger Faktor für die Motivation der Mitarbeiter, da das „Einer
für alle, alle für einen![1]"-Prinzip die Leistungsbereitschaft der Mitarbeiter stark
beflügeln kann.

Nach meiner Erfahrung sind eine Kombination einer starken Teamorientierung
und die Berücksichtigung persönlicher Einzelleistungen am besten geeignet, um

---

[1]Das Zitat stammt aus dem Roman „Die drei Musketiere" des französischen
Schriftstellers Alexandre Dumas, der 1844 kapitelweise in der Zeitung *Le Siècle*
veröffentlicht wurde. Im 19. Jahrhundert avancierte die Aussage zum (inoffiziellen) Wahl-
spruch der Schweizerischen Eidgenossenschaft. „Unus pro omnibus, omnes pro uno!".

die Mitarbeiter dauerhaft zu motivieren. Nähere Einzelheiten über ein kombiniertes Vergütungssystem erfahren Sie in Kap. 10.

9.3   Der Faktor Wertschätzung

„Nur in 54 Prozent der Unternehmen in Deutschland wird ein wirklich wertschätzender Umgang gepflegt. In mehr als jedem zehnten Unternehmen kann das tägliche Miteinander nur noch als ausreichend oder sogar mangelhaft bewertet werden[2]." So lautete das Ergebnis der Studie „Erfolgsfaktor Wertschätzung", für die 100 HR-Führungskräfte aus mittelständischen Unternehmen im Auftrag einer großen Personalberatungsfirma befragt wurden.

Dabei gelten in der heutigen Management-Theorie Anerkennung und Wertschätzung als Schlüssel zu einer nachhaltigen Mitarbeitermotivation. Doch was zunächst einfach klingt, kann schnell falsch angewandt werden. Wer beispielsweise als Kanzleiinhaber plötzlich beginnt, den „Mitarbeiter des Monats" zu verkünden oder Anerkennungs-Plaketten an die Mitarbeiter zu verteilen, läuft Gefahr, eher allgemeine Belustigung als Motivation auszulösen.

Wertschätzung und Anerkennung scheinen zwar auf den ersten Blick als eine schnelle, kostengünstige und einfache Methode, um den Leistungswillen der Mitarbeiter zu steigern, doch ist dies wirklich so? Ob Anerkennung als glaubwürdig und motivierend empfunden wird, basiert im Kern auf der Beziehung zwischen dem Kanzleiinhaber und seinen Mitarbeitern. Beziehungen sind jedoch – egal ob privater oder beruflicher Natur – selten mit nur ein paar „netten Worten" und möglichst wenig Aufwand getan.

Was ist Wertschätzung?
Wertschätzung ist ein zentrales Bedürfnis der Menschen. Dies gilt nicht nur im Privat- sondern auch im Arbeitsleben. Jeder Mensch möchte für seine Leistungen gesehen werden und die entsprechende Anerkennung erhalten. Häufig wird der Begriff Wertschätzung mit Lob gleichgesetzt, dies ist jedoch unzutreffend. Vielmehr beschreibt der Begriff Wertschätzung eine spezifische Geisteshaltung,

---

[2]Die Studie wurde von der Personalberatungsfirma „Rochus Mummert" in Auftrag gegeben: „Erfolgsfaktor Wertschätzung: In jedem zweiten Unternehmen Fehlanzeige/Auch vielen Chefs wird der Respekt versagt", Online- Veröffentlichung der Ergebnisse: https://www.rochusmummert.com/downloads/news/161107_PI_HR_Panel_1_FINAL.pdf, 2016, Seite 1.

die sich vornehmlich auf den gesamten Menschen und nicht auf seinen Nutzen oder seine Leistungen richtet. Wertschätzung beinhaltet eine von Respekt und Wohlwollen geprägte innere Haltung gegenüber anderen Menschen und äußert sich in Freundlichkeit, Interesse an dem Gegenüber, Aufmerksamkeit und Zugewandtheit.

Diese tiefere Bedeutung von Wertschätzung stellt höhere Anforderungen an Führungskräfte oder Kanzleiinhaber, da sie nicht um ein Belohnungssystem kreist, sondern aus einer inneren Geisteshaltung resultiert. Der wertschätzende Blick auf den Mitarbeiter richtet sich vorrangig auf die individuelle Persönlichkeit und weniger auf den „Funktionswert" für das Unternehmen. Ein wertschätzender Umgang mit den Mitarbeitern hat viele positive Auswirkungen. Die oben genannte Studie „Erfolgsfaktor Werkschätzung[3]" aus dem Jahr 2016 ergab, dass sich über 90 % der Mitarbeiter ein Jahr nach ihrer Einstellung wohl in dem Unternehmen fühlten, wenn dort ein wertschätzendes Betriebsklima herrschte. Die Zufriedenheit überwog deutlich gegenüber anderen Unternehmen, in denen nur eine Zufriedenheitsquote von etwa 75 % erreicht wurde. Darüber hinaus steigert ein wertschätzender Umgang die Identifikation der Mitarbeiter mit dem Unternehmen sowie die Bindung an den Betrieb. Sie führt zu weniger Fehlzeiten und steigert die Produktivität.

Doch auch hier gilt: ein wertschätzender Umgang macht ein faires Vergütungssystem und leistungsbezogene Gehälter keinesfalls obsolet.

Wie vermittelt man authentisch Wertschätzung?

Wenn ein wertschätzender Umgang so viele Vorteile bewirkt, sollte man diesen unbedingt einsetzen – aber wie? Zunächst beginnt Wertschätzung bei der eigenen, inneren Geisteshaltung. Um diese grundlegend zu reflektieren, kann man – falls gewünscht – die Unterstützung eines externen Anbieters in Anspruch nehmen. Im nächsten Schritt muss Wertschätzung *ausgedrückt* werden, das heißt sie darf nicht nur „innerlich gedacht" bleiben. So mancher Führende glaubt, dass er seine Wertschätzung schon dadurch zum Ausdruck bringt, indem er keine größeren Kritikpunkte ausspricht. Wertschätzung sollte zudem von Herzen kommen und authentisch sein. Wie man seine Wertschätzung konkret äußert, hängt selbstverständlich von der Person des Gegenübers ab und wie gut man mit dem betreffenden Mitarbeiter vertraut ist.

---

[3]Eine Studie der Personalberatung „Rochus Mummert": https://www.rochusmummert.com/downloads/news/161107_PI_HR_Panel_1_FINAL.pdf, 2016.

Der Ausdruck von Wertschätzung beinhaltet jedoch neben einem respektvollen Gesprächston einige typische Grundvoraussetzungen, die in dem nachfolgenden Abschnitt erläutert werden.

Grundvoraussetzungen für authentische Wertschätzung
Konkreter und persönlicher Bezug
Wertschätzung ist nur dann wirkungsvoll, wenn sie präzise formuliert wird und sich nicht in Allgemeinplätzen erschöpft. Ein wohlwollendes Lächeln ist daher beispielsweise kein Ausdruck von Wertschätzung, sondern eine Freundlichkeit.

Für den Mitarbeiter muss deutlich werden, was Sie genau an ihm wertschätzen. Zudem sollte die Wertschätzung einen persönlichen Bezug zu dem betreffenden Mitarbeiter ausweisen, sodass Ihre Äußerung nicht beliebig und austauschbar wirkt. Insgesamt möchte sich der Mitarbeiter in seiner Persönlichkeit „gesehen" und in seiner Individualität angesprochen fühlen.

Ich-Botschaften und Emotionen
Wertschätzung ist – wie auch Feedback – subjektiv. Formulieren Sie Ihre Wertschätzung mit Ich-Botschaften und scheuen Sie sich nicht, Emotionen zu zeigen. Wenn die Wertschätzung von Herzen kommt, wird sie in der Regel auch so aufgefasst.

Verschiedene Ausdrucksformen der Wertschätzung
Wertschätzung besitzt vielerlei Gestaltungsformen. Eine besonders wichtige Art der Anerkennung ist der Gebrauch von *anerkennenden Worten,* mit denen Sie Ihrem Gegenüber Ihre positiven und konkreten Beobachtungen äußern. Wertschätzung zeigt sich auch, indem Sie dem Mitarbeiter die notwendige *Zeit einräumen.* Wenn der Chef nur selten da ist oder insgesamt wenig Zeit hat, kann sich weder ein reger Austausch noch ein gutes und belastbares Arbeitsverhältnis entwickeln.

Selbstverständlich muss zu jederzeit in dem Arbeitsverhältnis ein *respektvoller Umgang* mit dem Mitarbeiter gepflegt werden, da ansonsten das mühselig erworbene Vertrauen schnell wieder verloren ist.

Die Notwendigkeit, *Vertrauen* in das Leistungsvermögen der Mitarbeiter zu zeigen, um einen eventuellen „Golem"-Effekt zu vermeiden, wurde bereits in Abschn. 2.6 ausführlich erläutert. Diese Zuversicht ist ebenfalls als ein Aspekt der Wertschätzung und als Ausdruck eines intakten Arbeitsverhältnisses zu betrachten.

Schließlich bedeutet Wertschätzung auch, die *Bedürfnisse der Mitarbeiter* zu erkennen und soweit wie möglich zu berücksichtigen. Hierbei geht es keineswegs vorrangig um finanzielle Gesichtspunkte, sondern häufig um andere Faktoren (siehe hierzu auch Abschn. 9.6) wie Raumtemperatur, Gestaltung der Arbeitsplätze oder ein eventuelles Ruhebedürfnis bei der Arbeit. Vergessen Sie zudem nicht, dass die gute Erledigung der Aufgaben *keine Selbstverständlichkeit* ist. Daher ist ein gelegentlicher Ausdruck von *Dank* ein hilfreiches Mittel, um die eigene Wertschätzung zum Ausdruck zu bringen. Ermutigen Sie Ihre Mitarbeiter, sich gegenseitig mit Dankbarkeit zu begegnen, um den Respekt und die Anerkennung für den erbrachten Aufwand einer Arbeitsleistung zu würdigen.

9.4   Wie Motivation entsteht

Motivation – das ist die Gesamtheit aller Gefühle, Bedürfnisse und Wünsche, die einen Mitarbeiter antreiben, um bestimmte Ziele zu erreichen. Die Bezeichnung ist „ein Sammelbegriff für vielerlei psychische Prozesse" (Kirchler und Walenta 2010, S. 11) und umfasst die Aufnahme einer Aktion, die Wahl einer Zielrichtung (direction) sowie Aufrechterhaltung (maintenance) dieser Handlung (Kirchler und Walenta 2010, S. 11).

Die Kraftquelle Motivation ist ein wichtiger Faktor für den Erfolg Ihrer Kanzlei. Wie motiviert man seinen Mitarbeiter also am besten? Anerkennung und Wertschätzung wurden in diesem Kapitel bereits als wichtige Bestandteile der Mitarbeitermotivation behandelt, welche weiteren Faktoren gibt es, die die Leistungsbereitschaft ankurbeln und warum?

Grundsätzlich befindet sich jeder Mitarbeiter in einem Spannungsfeld unterschiedlicher Motivationsantriebe, die in der Abb. 9.1 visualisiert sind. Zum einen möchte er in seiner *Individualität* wahrgenommen und gefördert werden. Dieser Aspekt seiner Persönlichkeit treibt den Mitarbeiter an, neue Herausforderungen anzunehmen und sich beruflich zu entwickeln. Außerdem möchte er nicht nur ein „kleines Rädchen im Getriebe" sein, sondern mithilfe seiner Kompetenzen den Beratungsprozess mitgestalten. Der Aspekt der *„Berufung"* beschreibt den Wunsch, im Einklang mit den Werten der Kanzlei handeln zu können. Bemerkt der Mitarbeiter beispielsweise, dass an den angegebenen Zahlen eines Mandanten etwas nicht stimmen kann, sodass die Kanzlei als Organ der Rechtspflege handeln müsste und er erlebt dann, dass dieses Handeln durch die Leitung nicht erwünscht ist, kann (sollte) dies einen hohen Verlust der Identifikation mit dem Unternehmen und der Motivation zu Folge haben.

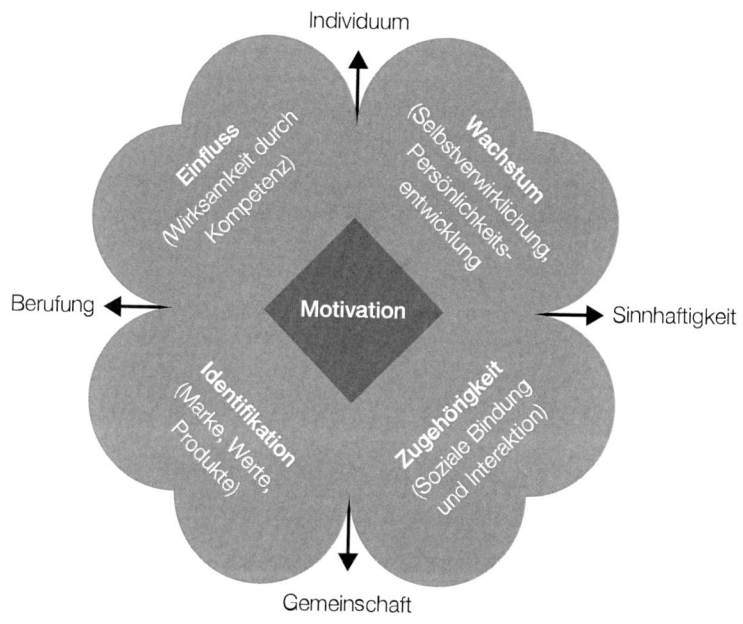

Individuum

Einfluss
(Wirksamkeit durch
Kompetenz)

Wachstum
(Selbstverwirklichung,
Persönlichkeits-
entwicklung

Berufung ← **Motivation** → Sinnhaftigkeit

Identifikation
(Marke, Werte,
Produkte)

Zugehörigkeit
(Soziale Bindung
und Interaktion)

Gemeinschaft

Abb. 9.1 Verschiedene Aspekte der Motivation

Die Notwendigkeit der *Sinnhaftigkeit* der Aufgaben wurde bereits in diesem Kapitel behandelt und steht in enger Wechselbeziehung zu dem Zugehörigkeits-gefühl zu dem Unternehmen und dem Bedürfnis nach beruflichem Wachstum. Darüber hinaus ist der Mitarbeiter ein *soziales Wesen,* das sich in der Gruppe der anderen Mitarbeiter aufgrund eines guten Betriebsklimas gerne aufhalten möchte.

Eine grafische Darstellung der verschiedenen Aspekte der Motivation als „Motivations-Kleeblatt" finden Sie in Abb. 9.1.

Typischerweise wird zwischen *extrinsischer und intrinsischer Motivation* unterschieden. Während die extrinsische Motivation aufgrund von äußeren Anreizen beispielsweise von Gratifikationen erfolgt, geschieht die intrinsische Motivation aus sich selbst heraus. Allgemein lässt die extrinsische Motivation einen Mitarbeiter Leistungen erbringen, weil er sich hierdurch Vorteile oder Belohnung erhofft oder er hierdurch einer Bestrafung zu entgehen versucht. Zu den extrinsischen Anreizen zählen ein leistungsbezogenes Gehalt oder eine Gewinnbeteiligung. Die intrinsische Motivation erfolgt durch inneren Antrieb aus den Gebieten des oben dargestellten „Motivations-Kleeblatts".

Vorsicht ist vor dem sogenannten „Korrumpierungseffekt" (Kirchler und Walenta 2010, S. 15) geboten. Dieser liegt vor, wenn eine Person eine Handlung zunächst gerne ausführt. Setzt nun eine Verstärkung des Verhaltens durch einen zusätzlichen externen Anreiz (zum Beispiel durch eine Bonuszahlung) ein, kann dies dazu führen, dass nach einem Wegfall dieser externen Anreize in späteren Fällen das Verhalten nicht mehr so gerne oder nicht mehr so häufig wie zuvor ausgeführt wird. Ein Praxisbeispiel wäre folgendes: Frau Müller besuchte stets gerne Fortbildungen. In einem Jahr wurde ihr Engagement in diesem Bereich überraschend mit einer großzügigen Sonderzahlung belohnt. Im darauffolgenden Jahr sparte die Kanzlei jedoch alle Gratifikationen ein; nun fand Frau Müller plötzlich weniger Vergnügen an Fortbildungen und beschloss, an keiner teilzunehmen.

Zur Zerstreuung von Korrumpierungseffekten ist eine Kombination von extrinsischen und intrinsischen Anreizen sowie ein holistisches Vergütungssystem für die Mitarbeiter empfehlenswert. Letzteres wird in dem nachfolgenden Kapitel dargestellt.

9.5   Exkurs: motivorientierte Führung

Motivorientiertes Führen ist ein aktueller Ansatz in der Management-Theorie. Dieser basiert auf der Annahme, dass die Mitarbeiter dann am motiviertesten vorgehen, wenn sie Aufgaben verrichten, die ihren Neigungen beziehungsweise Motiven entsprechen. Doch welche Motive sind hiermit gemeint und wie erkennt man sie?

> **Die „Leistungs-Motivations-Theorie" nach McChelland[4] unterscheidet beispielsweise drei Grundmotive**
> 1. Das Anschluss-Motiv bedeutet, dass Mitarbeiter nach einer Zugehörigkeit (im Team) streben. Diese Mitarbeiter verhalten sich häufig fürsorglich gegenüber anderen Mitarbeitern und wirken integrativ. Für Mitarbeiter mit ausgeprägtem Anschlussmotiv ist die Wertschätzung der eigenen Leistung durch Vorgesetzte und andere Mitarbeiter sehr wichtig.

---

[4]David Clarence McClelland, 1917–1998, war ein US-amerikanischer Verhaltens- und Sozialpsychologe.

2. Das Leistungsmotiv beschreibt Mitarbeiter, die nach dem Erreichen ihrer eigenen Ziele streben. Die Motivation erfolgt aus dem Erfolg der erbrachten Leistung, daher sind diese Mitarbeiter stark erfolgsorientiert.

3. Das Einflussmotiv bedeutet, dass ein Mitarbeiter danach strebt, Einfluss über andere zu erlangen, Verantwortung zu übernehmen und in der Betriebshierarchie aufzusteigen. Diese Mitarbeiter sind häufig eher statusorientiert.

Die drei Motive schließen sich keinesfalls untereinander aus, sondern sind in Menschen in unterschiedlicher Ausprägung vorhanden. Andere Modelle wie beispielsweise die Reiss[5]-Profile® unterscheiden 16 verschiedene Lebensmotive, die über Persönlichkeitstests in speziellen Coaching-Verfahren abgefragt werden. Insgesamt gibt es eine Vielzahl von lizenzierten Persönlichkeitsprofiltest-Anbietern auf dem Coaching-Markt wie beispielsweise Insights®, MBTI® oder Big5®, um nur eine paar wenige Beispiele zu nennen. Allerdings gibt es auch Kritik an der wissenschaftlichen Validität (Schwertfeger 2012) mancher Persönlichkeitstest-Anbieter sowie Datenschutzbedenken (Schwertfeger 2012). Unabhängig davon, wie man die Sinnhaftigkeit von Persönlichkeitstests einschätzt, kann der Motiv-Gedanke hilfreich sein, um als Führender durch aufmerksames Beobachten und im gemeinsamen Gespräch Interessen und Neigungen des Mitarbeiters zu identifizieren.

9.6   Wie Sie den Zusammenhalt und die Motivation in Ihrer Kanzlei fördern

Wie erreichen Sie eine hohe Mitarbeiterzufriedenheit in Ihrer Kanzlei? Neben einer leistungsangemessenen Vergütung sollte die Wertschätzung, die Teamorientierung und Unternehmenskultur nicht nur verbalisiert, sondern im Alltag gelebt werden, um als glaubwürdig empfunden zu werden.

Gestaltung des Arbeitsplatzes

In einer Anekdote erzählte mir eine Mitarbeiterin, dass sie bei einer vorherigen Stelle ihre eigene Schreibtischlampe mitbringen musste, nachdem sie dort nach

---

[5]Der Psychologe Steven Reiss, 1947–2016, war Professor an der The Ohio State University.

mehrfachem Nachfragen keine erhalten hatte. Dies ist als ein starkes Anzeichen für eine schlechte innerbetriebliche Organisation zu werten, die sich schnell negativ auf den Leistungswillen der Mitarbeiter auswirken kann. Eigentlich sollte der Arbeitgeber selbst ein hohes Interesse daran haben, den Mitarbeiter die für alle Abläufe richtigen Arbeitsmittel zur Verfügung zu stellen, doch in der Praxis scheint dies nicht immer der Fall zu sein. Mancher Arbeitgeber scheint zudem zu unterschätzen, welche nachhaltigen Folgen „Kleinigkeiten" wie unbequeme Bürostühle, unruhige Großraumbüros oder „alte Mühlen" als Rechner bei den Mitarbeitern auslösen. Schnell breitet sich unter den Mitarbeiter Unmut aus und das Team geht weniger motiviert an die Arbeit.

Im heutigen digitalen Zeitalter erleben zudem immer mehr Berufstätige, dass ihre ständige Erreichbarkeit – oft sogar im Urlaub oder während einer Krankheit – von dem Arbeitgeber erwartet wird. Diese Anforderungen sind nicht nur gesundheitsschädlich, sondern setzen langfristig die Motivation des Mitarbeiters herab. Zum Glück ist diese Art der Erwartungshaltung in Steuerkanzleien wohl eher die Ausnahme.

Betriebsatmosphäre

Nichts bindet die Mitarbeiter stärker an das Unternehmen als eine gute Betriebsatmosphäre. Um diese herzustellen, ist ein schönes, gemeinsames Weihnachtsessen allein jedoch nicht ausreichend, vielmehr muss sich der tägliche Umgang untereinander für alle angenehm gestalten. Eine gute und aufmerksame Personalauswahl mit einem starken Fokus auf die interpersonellen Fähigkeiten bildet die Grundvoraussetzung, um unerwünschte Verhaltensweisen wie „Tratschen" oder gar Mobbing aus dem Büro zu verbannen. Bestimmte Mindestanforderungen für die tägliche Kommunikation wie das Einhalten des Respekts, das gegenseitige Aussprechen lassen und der empathische Umgang miteinander sollten tief im Betriebsalltag verankert sein. Die Bedeutung von Anerkennung und Wertschätzung wurde bereits in diesem Kapitel ausführlich behandelt. Im Übrigen wird das Betriebsklima stark durch das persönliche Verhältnis zu dem Kanzleiinhaber geprägt, der die Werte des Unternehmens im Umgang mit den Mitarbeitern vorlebt. Seine Bereitschaft zu regelmäßigem Austausch mit den Mitarbeitern, zum Feedback und Teambesprechungen ist entscheidend für das Klima einer Kanzlei.

Berufliche Perspektive, Aufstiegschancen und Herausforderungen

Viele Mitarbeiter wünschen sich berufliche Entwicklungschancen. Wer nach einigen Jahren bereits alles erreicht hat, was in der Kanzlei für ihn oder sie zu meistern ist, läuft Gefahr, sich zu langweilen. Um dem Wunsch nach Wachstum langfristig nachzukommen, ist es wichtig, regelmäßige Fördergespräche (siehe Abschn. 6.5) mit den Mitarbeitern zu führen und diverse Fortbildungsangebote anzubieten. Bietet die Kanzleistruktur und Gehaltsgestaltung zudem Aufstiegschancen, können ambitionierte Mitarbeiter neue Ziele finden.

Neben konkreten Aufstiegschancen wünschen sich viele erfahrene Mitarbeiter neue Herausforderungen, in denen sie ihr Können unter Beweis stellen können. Auch diese neuen Aufgaben sind in einem gemeinsamen Förder- oder Motivationsgespräch zu ermitteln. Vielleicht möchte der Mitarbeiter sich stärker in der Ausbildung von Lehrlingen engagieren, die Gesprächsmoderation in Teambesprechungen übernehmen, sich ein neues Fachgebiet aneignen oder die Organisation eines wichtigen Events übernehmen. Auch hier gilt, dass vor dem Übertragen neuer Aufgaben immer eine realistische Einschätzung der Leistungskräfte des Mitarbeiters erfolgen muss, um einer eventuellen Erschöpfung des Mitarbeiters oder gar einem Burn-out vorzubeugen.

Bei der Übertragung der Aufgaben unterscheidet man zwischen dem sogenannten „Job Enlargement" (Erweiterung des Aufgabenbereichs ohne zusätzliche Verantwortung) und „Job Enrichment" (Erweiterung des Aufgabenbereichs mit zusätzlicher Verantwortung), wobei letzteres eher geeignet ist, den betreffenden Mitarbeiter zu motivieren.

Autonomie, Flexibilität und Variabilität

Die meisten Menschen streben nach Selbstbestimmung und möchten ihren Arbeitsalltag zumindest teilweise selbst einteilen, also beispielsweise entscheiden, ob sie eine E-Mail-Anfrage sofort oder ein paar Stunden später bearbeiten möchten. Herrschen in der Kanzlei jedoch rigide Regeln und ein hohes Maß an Kontrolle (auch durch höher gestellte Mitarbeiter), nimmt man dem Mitarbeiter mit der Gestaltungsfreiheit häufig zugleich den Spaß an der Aufgabe. Auch hier sind Vertrauen und eine gute Personalauswahl die deutlich bessere Wahl als ständige Überwachung.

Flexible Arbeitszeitmodelle erlauben den Mitarbeitern nicht nur, den Zeitraum für die Aufgabenbewältigung zu wählen, indem sie am produktivsten arbeiten können, sondern begünstigen außerdem die Vereinbarkeit von Familie und Beruf. Beide Faktoren erzeugen nicht nur eine höhere Produktivität, sondern sie sind auch geeignet, die Zufriedenheit der Mitarbeiter zu steigern und sind daher aus Unternehmersicht äußerst wünschenswert. Kann die Kanzlei durch die (gelegentliche) Bewilligung von sogenannten „Home Office"-Tagen noch mehr Flexibilität bieten, hilft dies den Mitarbeitern, persönliche Anliegen (Arztbesuch, erkranktes Kind etc.) mit den Anforderungen des Arbeitsplatzes besser in Einklang zu bringen, woraus eine stärkere Anbindung an das Unternehmen und höhere Motivation erfolgen kann. Übrigens bietet die Digitalisierung gerade auf dem Gebiet der Flexibilität für Arbeitnehmer neue und hohe Chancen. Niemand macht gerne monotone und anspruchslose Aufgaben. Tätigkeiten wie Abheften, Archivieren oder Copy & Paste-Aufträge sind echte „Motivationskiller". Auch hier bietet die Digitalisierung für viele Vorgänge Abhilfe und eine neue Variabilität, indem viele Vorgänge zunehmend automatisch und digital erfolgen. Lassen sich bestimmte Handlungen, die sich geringer Beliebtheit erfreuen, nicht digital ersetzen, ist es empfehlenswert, diese unter den Mitarbeitern rotieren zu lassen. So muss zwar jeder Mitarbeiter mal in den „sauren Apfel beißen", aber keiner ständig. Dies gilt selbstverständlich auch für andere unbeliebte Aufgaben wie beispielsweise die Urlaubsvertretung, die ebenfalls gerecht und gleichmäßig aufgeteilt werden sollte.

9.7   Zwischenfazit

Motivation ist eine komplexe Interaktion zwischen der Kanzlei und dem Team und beschreibt die Gesamtheit aller Gefühle, Bedürfnisse und Wünsche eines Mitarbeiters. Um die Mitarbeiter zu motivieren, muss jeder von ihnen von der Sinnhaftigkeit seiner Aufgaben überzeugt sein, die Teamorientierung der Kanzlei tief in den Arbeitsalltag verankert sein und das tägliche Miteinander durch gegenseitige Wertschätzung und Empathie geprägt sein. Eine angenehme Gestaltung des Arbeitsplatzes, eine positive Betriebsatmosphäre, die Möglichkeit zur Selbstbestimmung bei Erledigung der Aufgaben, Abwechslung sowie das Anbieten von beruflichen Perspektiven sind essenzielle Faktoren in der Mitarbeitermotivation. Neben diesen wichtigen Aspekten ist eine leistungsbezogene, holistische Vergütung das Fundament, nicht nur für die Motivation der Mitarbeiter, sondern auch für die Beziehung zwischen Kanzleiinhaber und Team. Nähere Informationen über das „Siegel'sche" Vergütungssystem finden Sie in dem nachfolgenden Kapitel.

Literatur

Kirchler, E., & Walenta, C. (2010). *Motivation* (S. 11, 15). Wien: UTB Verlag & Facultas Verlags- und Buchhandels AG.
Schwertfeger, B. (2012). *Gesucht: Der perfekte Kollege- Unternehmen wollen ihre Mitarbeiter besser einschätzen können – mithilfe fragwürdiger Persönlichkeitstests.* Hamburg: Zeitverlag. http://www.zeit.de/2012/26/C-Berufe.

Aufbau eines nachhaltigen Vergütungssystems

10

Wie sollte ein motivierendes Vergütungsmodell gestaltet sein? Aufgrund der begrenzten Bewerberanzahl wird es für Steuerkanzleien zunehmend schwieriger, qualifizierte Fachkräfte zu finden und zu binden. Um eine ungewollte Fluktuation der Mitarbeiter zu verhindern, sind innovative Personalkonzepte gefragt. Steuerkanzleien müssen heute zukunftsorientiert führen und ihre Personalpolitik modern gestalten, um in dem Verteilungswettbewerb um die „besten Köpfe" mithalten zu können.

Die Mitarbeiter einer Steuerkanzlei tragen durch ihre fachlichen, prozessualen und interpersonellen Kompetenzen entscheidend zum Unternehmenserfolg bei. Doch mit welchem Gehalt bindet man die Mitarbeiter langfristig? Sollte es neben jährlichen Gehaltsanpassungen zusätzliche Sonderzahlungen geben und wenn ja, wofür und in welcher Höhe? Und letztlich: Welches Entgeltkonzept führt intern zu einer höheren Leistungsgerechtigkeit?

In diesem Kapitel erhalten Sie einen umfassenden Überblick darüber, welche Faktoren Sie bezüglich Ihres Vergütungssystems berücksichtigen sollten. Das von mir entwickelte System hat sich seit knapp vier Jahren in meiner Kanzlei stark bewährt. Dieses fördert nicht nur eine offene, wertschätzende Gesprächs- und Feedbackkultur, sondern auch die Motivation und die Identifikation der Mitarbeiter mit den Zielen der Kanzlei und trägt auf diese Weise zur Zufriedenheit aller bei.

10.1 Die Ausgangslage

Erstaunlicherweise verfügen viele Steuerkanzleien über keine einheitliche Regelung der Mitarbeitervergütung. Aufgrund von Zeitmangel und anderer Ursachen versäumen viele Kanzleien, die Gehaltsfrage zu optimieren, obwohl dies eine Kernkompetenz der eigenen Beratungstätigkeit ist. Auch in meiner Kanzlei lief

© Springer Fachmedien Wiesbaden GmbH, ein Teil von Springer Nature 2018
T. Siegel, *Mitarbeitergespräche in Steuerkanzleien*,
https://doi.org/10.1007/978-3-658-21875-1_10

es lange Zeit nicht anders: Die Gehälter wurden jährlich angepasst, fast jeder Angestellte erhielt einen Bonus, neu eingestellte Mitarbeiter setzten ihre Gehaltsforderungen meistens durch. Dazu prägten verschiedenste Vergütungsbestandteile wie Gutscheine, Gesundheitsförderung, Vermögenswirksame Leistungen (VWLs) oder Direktversicherungen die Gehaltspolitik.

Diese Verfahrensweise begeisterte weder die Mitarbeiter, noch entsprach sie meinem eigenen Selbstverständnis als Führender. Also entwickelte ich gemeinsam mit meiner Kanzleileiterin ein neues holistisches Entlohnungsmodell, das einen variablen Vergütungsteil beinhaltet; dieses „Siegel'sche" Vergütungsmodell werde ich Ihnen in den nachfolgenden Abschnitten nun vorstellen.

10.2 Bedeutung des Grundgehalts

Bei Einstellungsgesprächen spielt das Grundgehalt eine wichtige Rolle, da die Einstiegsentscheidung der Bewerber häufig an dem Gehalt festgemacht wird. Nach meiner Beobachtung sind jedoch gerade für jüngere Mitarbeiter weitere Faktoren wie flexible Arbeitszeiten oder Fortbildungsmöglichkeiten gleichermaßen bedeutsam. Insgesamt ist das Grundgehalt nur sehr eingeschränkt geeignet, den Mitarbeiter wesentlich zu motivieren, da es schnell als „gegeben" und selbstverständlich hingenommen wird, sodass zusätzliche Anreize notwendig werden.

10.3 Problemfeld Umsatzbeteiligung

Manche Steuerberaterkanzleien orientieren ihre Vergütungsmodelle sehr stark am Umsatz, den ihre Mitarbeiter erwirtschaften. Zunächst erscheint dieses Bonus-Modell als Win-win-Situation, da die Kanzleien auf diese Weise hohe Renditen erzielen, an denen sie ihre Mitarbeiter beteiligen. Leider birgt diese Vorgehensweise gleichwohl einige unschöne Nebeneffekte, als die zu nennen wären:

- Ständiger Verteilungskampf: die Mitarbeiter streiten untereinander um die lukrativsten Aufträge
- Umsatz vor Qualität: den Anreizen und der Maßgabe entsprechend widmen sich die Mitarbeiter mehr der Umsatzgenerierung als der Qualität der Mandate
- Wenig internes Engagement: die Übernahme von Aufgaben in der Verwaltung und zur Entwicklung der Kanzlei bedeuten für den Mitarbeiter eine Gehaltseinbuße
- Bevorzugung lukrativer Mandanten: die Mitarbeiter investieren vorzugsweise ihre Zeit in lohnendere Mandate

Da also eine zu stark umsatzorientierte Vergütung aus den oben genannten Gründen sich nicht nur schädigend auf das Betriebsklima, sondern auch auf den Kanzleierfolg auswirken kann und ein Festgehalt allein keine Basis für leistungsorientierte und motivierende Entlohnung sein kann, ist eine variable Vergütung vorzuziehen. Diese sollte geeignet sein, die Mitarbeiter über die Bewertung ihrer individuellen Leistungen und Fähigkeiten stärker in die strategischen und operativen Ziele der Kanzlei einzubinden.

10.4 Ausgangspunkt Festgehalt

Unser Vergütungsmodell baut auf dem Modell des Festgehalts auf. Dieses sichert aus Sicht des Arbeitgebers die Grundbereitschaft des Mitarbeiters, seinen Aufgaben nachzukommen. Empfindet der Mitarbeiter sein Gehalt als fair und angemessen, ist er in der Regel zufrieden. Dieses Festgehalt ist in der Regel als Jahresvergütung definiert, das eine variable Vergütung anhand eines 13. Monatsgehalt oder eventuell eine weitere Rate vorsieht.

Diese Grundstruktur der Festvergütung sollte erhalten bleiben, da jede andere Lösung zu viel Verunsicherung auslösen würde. Zudem plädiere ich aus Gründen der Vergleichbarkeit und Transparenz dafür, die Festvergütung für alle Mitarbeiter der Kanzlei gleich (aber nach Qualifikation und Berufserfahrung differenziert) auszugestalten. Wenn Tankgutscheine, Essensgutscheine etc. ausgegeben werden, dann an alle Mitarbeiter. Gleiches gilt für Direktversicherungen, Vermögenswirksame Leistungen etc., auch wenn dadurch nicht immer das lohnsteuerliche und sozialversicherungsrechtliche Optimum erreicht wird. Eine klare Regelung der Festgehälter ist die Basis für ein erfolgreiches Zusammenspiel mit den variablen Vergütungsfaktoren.

10.5 Die Kombination von fester und variabler Vergütung

Anhand der variablen Vergütung wird die Beteiligung des Mitarbeiters am Erfolg der Kanzlei honoriert. Aus den oben genannten Gründen ist Erfolg nicht mit Umsatz gleichzusetzen, sondern schließt eine Vielzahl verschiedener Kriterien ein. Welche Merkmale einbezogen werden sollten, richtet sich nach der inhaltlichen Ausrichtung Ihrer Kanzlei. Eine Auswahl von möglichen Bewertungskriterien finden Sie in dem nachfolgenden Abschnitt.

Eine variable Vergütung bietet Ihnen die Möglichkeit, bestimmte dem Erfolg der Kanzlei zuträgliche Handlungsweisen gesondert zu honorieren. Da dieses

Vergütungsmodell nicht den Umsatz ins Zentrum des Bonuserwerbs setzt, erhalten Sie mit diesem Modell ein Werkzeug zur Hand, mit dem Sie ein Umdenken Ihrer Mitarbeiter bewirken können. Diesen wird auf diese Weise signalisiert, dass bestimmte positive Handlungsweisen – wie beispielsweise die Teamorientierung – tatsächlich belohnt werden. Hiermit können Sie fachliche, prozessuale oder interpersonelle Potenziale in Ihrem Team fördern, wobei Sie die Bewertungskriterien individuell gestalten können. Überprüfen Sie regelmäßig, ob Ihr Vergütungsmodell die von Ihnen gewünschten Handlungsweisen bestärkt hat und justieren Sie gegebenenfalls entsprechend nach.

Gewinntopf einrichten
Um die Sonderzahlungen nach dem Vergütungsmodell leisten zu können, muss zunächst ein Gewinntopf in bestimmter Höhe festgelegt werden. Der Kanzleiinhaber oder die Führenden entscheiden, ob man den Mitarbeitern gegenüber darlegen möchte, wie die Summe definiert wurde. Allerdings gewähren Kanzleiinhaber ihren Mitarbeitern in der Regel keinerlei Einblicke in die wirtschaftlichen Verhältnisse der Kanzlei, sondern teilen in der Regel nur mit, dass ein bestimmtes Berechnungsverfahren festgelegt wurde. Die Summe kann als Festbetrag frei bestimmt oder als bestimmter Prozentsatz des Kanzleiumsatzes errechnet werden. Der Festbetrag bietet eine einfache Handhabung, entkoppelt jedoch die Vergütung der Mitarbeiter von dem wirtschaftlichen Erfolg der Kanzlei.

Koppelt man den Gewinntopf an den unternehmerischen Erfolg der Kanzlei, bietet sich der Umsatz als Bemessungsgrundlage an. Dieser lässt jedoch verhältnismäßig wenig Rückschlüsse auf die Rendite der Kanzlei zu, da zum Beispiel die Aufnahme neuer oder der Wegfall bisheriger Mandanten oder Tätigkeitsfelder den Umsatz sowie die Profitabilität deutlich verändern. Daher scheint es zunächst vorteilhafter, den Gewinn als Ermittlungsmaßstab heranzuziehen. Aber auch er kann über die Jahre stark variieren und durch kanzleispezifische Besonderheiten beeinflusst werden, wie etwa Verträge mit Angehörigen oder kostenintensive Firmenfahrzeuge. Ein modifizierter Rohertrag wäre eine weitere Möglichkeit, die Grundlage für einen Verteilungstopf zu ermitteln. Damit blieben eventuelle Besonderheiten, die den Gewinn zusätzlich beeinflussen, unberücksichtigt.

So kann ein modifizierter Rohertrag beispielsweise wie folgt hergeleitet werden:

Erlöse

- abzüglich Personalkosten
- abzüglich EDV-Kosten
- abzüglich Raumkosten

=modifizierter Rohertrag als Ermittlungsgrundlage für den Verteilungstopf

Im Rahmen dieser Herangehensweise bietet sich auch ein Stufenmodell an, mit dem sich der Verteilungstopf in verschiedenen Ertragsstufen unterschiedlich speisen lässt. Folgendes Beispiel soll dies verdeutlichen:

- Rohertrag bis 100.000 = 10 % davon Gewinntopf
- Rohertrag von 100.001–200.000 = davon 15 % Gewinntopf
- Rohertrag von 200.001–300.000 = davon 20 % Gewinntopf
- Rohertrag über 300.000 = davon 25 % Gewinntopf

Dieses Stufenmodell beteiligt die Mitarbeiter mit zunehmendem Gewinn auch stärker am Erfolg.

10.6   Kommunikation des neuen Vergütungsmodells

Das neue Vergütungsmodell sollte den Mitarbeitern behutsam erklärt werden, um keine Ängste, Unsicherheiten oder gar Ohnmachtsgefühle auszulösen. Mithilfe einer geschickten Informationspolitik führen Sie das neue Modell bereits erfolgreich ein. Strapazieren Sie Ihre Mitarbeiter am Anfang nicht mit zu vielen Details, sondern kommunizieren Sie zunächst nur das Gesamtprinzip und die Vorteile für die Mitarbeiter.

In Einzelgesprächen erklären Sie sorgfältig die von Ihnen entwickelten Bewertungskriterien und wie der Mitarbeiter von diesen profitieren kann. Für den nachhaltigen Erfolg des Modells ist es unverzichtbar, dass jedes Teammitglied das neue System und seine Vorteile vollständig begreift.

10.7   Das Vier-Augen-Prinzip

Ein komplexes Beurteilungs- und Vergütungssystem verlangt nach einem Vier-Augen-System der Beurteilenden, um die eigene Einschätzung zu spiegeln und zu überprüfen. Wie bereits in Kap. 7 ausführlich dargestellt, nehmen in meiner Kanzlei meine Kanzleileiterin und ich die Mitarbeiterjahresgespräche gemeinsam vor. Darüber hinaus sollte die Selbsteinschätzung der Mitarbeiter miteinbezogen werden. Gehen dem Jahresgespräch regelmäßige Feedbackgespräche (siehe Kap. 6) voraus, so hatte der Mitarbeiter bereits vielfach die Gelegenheit, die Fremd- mit der Eigeneinschätzung abzugleichen und kann diese nunmehr gesicherter in die Jahresgespräche hineintragen.

10.8   Bewertungskriterien

Im nächsten Schritt entwickelt die Kanzleiführung Bewertungskriterien, die die Handlungsweisen fördern, die besonders gewünscht sind. Die abschließende Bewertung erfolgt in der Regel hinsichtlich des Verhaltens eines Mitarbeiters über die Dauer von einem Kalenderjahr. Erstellen Sie zunächst einen Katalog von positiven Verhaltensweisen, die Sie begünstigen möchten. Einige typische Kriterien werden in den folgenden Abschnitten exemplarisch und ohne Anspruch auf Vollständigkeit aufgeführt.

Darüber hinaus benötigen Sie ein Punktesystem, das den Erfüllungsgrad der erwünschten Handlungsweise beschreibt. Die Skala dieses Punktesystems ist frei wählbar, wobei beispielsweise ein Rahmen von 0–3 Punkten keine großen Abstufungen erlaubt, während ein Gradmesser von 1–20 zu kleinteilig scheint.

In meiner Kanzlei legen wir einen Rahmen von 0–10 Punkten der Bewertung zugrunde.

Punkte	Beschreibung
	Das Kriterium wird:
0	Nicht erfüllt
1	In sehr geringem Maß erfüllt
2	In geringem Maß erfüllt
3	Sehr mäßig erfüllt
4	Mäßig erfüllt
5	Erfüllt
6	Gut erfüllt
7	Sehr gut erfüllt
8	In hohem Maß erfüllt
9	In höchstem Maß erfüllt
10	In höchstem Maß mit Vorbildfunktion erfüllt

Bewertungskriterium: Fortbildung

Dauerhafte Weiterbildung ist ein wesentlicher Erfolgsfaktor für eine Steuerkanzlei, daher sollte die Bereitschaft und das Engagement eines Mitarbeiters für Weiterbildungsmaßnahmen als Bewertungskriterium herangezogen werden. Als Fortbildung betrachten wir nicht nur Fachseminare im engeren Sinne, sondern auch das Studium von Fachliteratur, die Initiierung kanzleiinterner Fortbildungen, Online-Schulungen oder die Bereitschaft zum Erwerb weiterführender Berufstitel wie zum Beispiel Fachberater, Steuerfachwirt oder Kanzleimanager.

Im Rahmen der Einführung eines umfassenden Qualitätsmanagement-Systems haben wir in meiner Kanzlei genau festgelegt, wie viele Stunden ein Mitarbeiter auf seine Fortbildung verwenden sollte. Bei Berufsträgern sind 40 bis maximal 60 Fortbildungsstunden, bei Nicht-Berufsträgern 20 bis maximal 30 h pro Jahr vorgesehen. Ausnahmen sind bei Berufs-Examina erlaubt. Für Teilzeitkräfte reduziert sich der Anteil entsprechend. Wichtig ist, dass die Fortbildung nicht nur fachliche, sondern auch prozessuale und interpersonelle Kompetenzen schult. Die Fortbildungen sollten unbedingt durch einen Fortbildungs-Beauftragten koordiniert werden, sodass sich die Inhalte nicht unnötig doppeln.

Bewertungskriterium: Fachliche Kompetenz
Fachliche Kompetenz wird häufig als selbstverständlich vorausgesetzt. Der Erfolg der Kanzlei resultiert im Übrigen nicht allein aus dem Fachwissen der Berufsträger, sondern aus dem profunden Know-how des gesamten Teams. Da die Bereitschaft zu Fortbildung bereits in einem selbstständigen Bewertungskriterium abgedeckt wurde, wäre hier die Ausprägung der individuellen Qualifikation (ausgehend vom fachlichen Ausbildungsstand) sowie die Bereitschaft, das eigene Wissen mit anderen Mitarbeitern zu teilen, zu betrachten. Hierbei kann zusätzlich einbezogen werden, inwieweit das Wissen in verständlicher Form und auf den jeweiligen Empfänger orientiert weitergegeben wird. Kompetenzen im Sinne dieses Bewertungskriteriums sind nicht nur steuerrechtliche, sondern auch IT- oder organisatorische Kenntnisse.

Bewertungskriterium: Förderung der Innovationskraft
Die Innovationskraft einer Kanzlei ist eine wesentliche Voraussetzung für die Positionierung des Unternehmens im Wettbewerb. Daher stellt sich im Rahmen dieses Bewertungskriterium die Frage, wie weit ein Mitarbeiter innovative Vorhaben wie beispielsweise die Digitalisierung, eine EDV-gestützte Auftragsverwaltung oder den Einsatz eines Qualitätsmanagement-Systems in der Kanzlei mitvorantreibt. Das Bewertungskriterium richtet sich daher auf die Frage, in welchem Maße der Mitarbeiter bereit ist, …

- sich in neue Fachbereiche einzuarbeiten
- den Umgang mit einer neuen Technik zu erlernen
- sich für innovative Projekte zu engagieren
- sich mit neuen Mandanten zu befassen
- die Optimierung der Prozesse in der Kanzlei voranzutreiben

Etwas Gewohntes zu verlassen, fällt vielen Menschen schwer. Schon allein deshalb begegnen manche Mitarbeiter Neuerungen mit Skepsis und innerem Zögern. Aus diesem Grund ist es aus meiner Sicht wichtig, die Innovations-Unterstützer zu belohnen, da sie andere Teammitglieder ermutigen, sich an die Neuheiten heranzutasten.

Bewertungskriterium: Geringe Abwesenheit
Darf man geringe Abwesenheit eines Mitarbeiters als Bewertungskriterium heranziehen? Schließlich trifft einen Mitarbeiter keine Schuld, wenn er beispielsweise krankheitsbedingt fehlt. In Steuerkanzleien sind viele Aufgaben fristgebunden und müssen bei Abwesenheit eines Mitarbeiters durch andere Kollegen aufgefangen werden. Diese besondere Leistung, keinen oder wenig Auffangbedarf zu generieren und häufig für andere einzuspringen, sollte durch das Vergütungssystem honoriert werden.

Eine standardisierte Beurteilungsskala könnte beispielsweise folgendermaßen aussehen:

Krankheitstage	Punkte
0–1	1
1–2	8
2–3	6
4–5	4
6–7	2
Über 7	0

Bewertungskriterium: Umsatz
In der Gesamtschau anderer Bewertungskriterien sollte der Umsatz aus betriebswirtschaftlichen Erwägungen als ergänzendes Kriterium hinzugezogen werden. Hierbei ist jedoch zu berücksichtigen, dass bestimmte Positionen wie das Sekretariat oder die IT-Abteilung keine eigenen Umsätze generieren, sodass hier Ersatzkriterien wie beispielsweise die Durchlaufgeschwindigkeit der Korrespondenz oder im Organisationsbereich die erfolgreiche Implementierung eines QM-Systems herangezogen werden müssen.

Darüber hinaus erfordert eine faire Beurteilung die Berücksichtigung, ob die Mandate des jeweiligen Mitarbeiters überhaupt für die Generierung von Umsatz geeignet sind, was beispielsweise bei Vereinen in der Regel nicht gegeben ist. Die Bearbeitung mancher Mandate führt vielmehr zu einem negativen Deckungsbeitrag. Um keinen Wettbewerb um die lukrativsten Mandate auszulösen, müssen weniger gewinnbringende Mandate mit individuellen Ab- oder Zuschlägen kompensiert werden. Dies gilt auch, wenn die Forderungen regelmäßig abgeschrieben werden müssen, weil der Mandant die von dem Mitarbeiter festgesetzte Höhe nicht akzeptiert oder wenn der Mitarbeiter zur Erledigung seiner Aufgaben viel Unterstützung seiner Kollegen in Anspruch nimmt.

Um dieses Kriterium greifbarer zu machen, können Sie beispielsweise ein Stufenmodell wie das folgende Ihrer Bewertung zugrunde legen:

Verhältnis Umsatz zu Lohnkosten	Punkte
2,3 und darüber	10
2,2	8
2,1	6
2,0	4
1,9	2
1,8 und darunter	0

Nach meiner Ansicht sollte die Kreditierung ein bestimmtes Spitzenmaß nicht übertreten (im Beispiel hier: über 2,3), um extreme umsatzbedingte Ungleichgewichte in der Kanzlei nicht zusätzlich zu befördern.

Bewertungskriterium: Soziale Kompetenz
Die interpersonellen und sozialen Fähigkeiten der Mitarbeiter leisten einen wesentlichen Beitrag zu der langfristigen Bindung der Mandanten. Häufig wählen Mandanten eine Kanzlei aufgrund des persönlichen Umgangs aus, den sie dort erfahren. Neben einer fachlich profunden Beratung, die hochsensible Daten umfasst und folgenschwere Entscheidungen absichert, erwarten die Mandanten ein hohes Maß an sozialer Kompetenz wie beispielsweise Kommunikations- und Durchsetzungsstärke, Einfühlungsvermögen und Konfliktfähigkeit.

Folgende Aspekte von emotionaler Intelligenz (EQ) könnten beispielsweise Gegenstand des Bewertungskriteriums sein:

Übersicht
Fähigkeit zur Selbstreflexion: Die Fähigkeit, seine inneren Zustände, Ressourcen und Intuitionen wahrnehmen zu können.
Fähigkeit zur Selbstregulierung: Die Fähigkeit, die eigenen Emotionen zu regulieren.

Kontaktfähigkeit: Die Fähigkeit, gewünschte Reaktionen bei anderen Menschen hervorzurufen.
Empathie: Die Fähigkeit, die Bedürfnisse, Sorgen und Gefühle anderer Menschen wahrzunehmen.
Tatkraft: Die Fähigkeit, Emotionen einzusetzen, um ein definiertes Ziel zu erreichen.

Bei der Bewertung der sozialen Fähigkeiten sollte man als Kanzleiinhaber weniger wissenschaftlich vorgehen, sondern stattdessen seinen aufmerksamen Beobachtungen folgen. Erkundigen Sie sich zusätzlich bei den Mandanten, wie diese den Umgang empfunden haben. Auch hier ist es von wesentlicher Bedeutung, dass die eigenen subjektiven Eindrücke von einer weiteren Person im Vier-Augen-Gespräch überprüft werden. Zudem sollte berücksichtigt werden, inwieweit ein Mitarbeiter bei der Betreuung seiner Mandate den Raum hatte, seine sozialen Kompetenzen unter Beweis zu stellen.

Die standardisierte Bewertung der sozialen Fähigkeiten eines Mitarbeiters könnte beispielsweise in nachfolgender Einstufung vorgenommen werden:

Soziale Kompetenz	Punkte
Sehr hoch	10
Hoch	8
Mittel	6
Gering	4
Sehr gering	2
Nicht vorhanden	0

Bewertungskriterium: Effektivität und Effizienz
Eine hohe Produktivität zeichnet sich durch Effektivität (zielgerechtes Vorgehen) und Effizienz (Erreichung des Ziels mit dem möglichst geringen Aufwand) aus, sodass es sinnvoll ist, diese Fähigkeiten in die Bewertung miteinzubeziehen. In einer Steuerkanzlei zeigen sich diese Kompetenzen teilweise in der Erzielung höherer Umsätze, in anderen Bereichen (z. B. Kommunikation) sind sie schwer nachweisbar. Die Effektivität und Effizienz der Mitarbeiter ist jedoch stark davon abhängig, wieweit die Prozesse innerhalb der Kanzlei optimiert (Automatisierung,

Vorhandensein von Checklisten etc.) sind, sodass dieser Aspekt in die Bewertung miteinfließen sollte.

Bewertungskriterium: Optimierung des Qualitätsmanagement-Systems
Qualitätsmanagement-Systeme (QMS) sind bereits heute in Steuerkanzleien nahezu unverzichtbar. Sie legen die in der Kanzlei geltenden Standards fest und definieren verbindliche Maßnahmen zur Steigerung der Prozess- und Leistungsqualität.

Wie das QMS im Einzelfall ausgestaltet ist, richtet sich nach den individuellen Anforderungen einer Kanzlei, wobei eine schriftliche Fixierung und Zertifizierung unverzichtbar sind. Aufgrund der hohen Bedeutung von Qualitätsmanagement-Systemen sollte die Bereitschaft, diese zu unterstützen und zu verbessern, bei der Bewertung der Arbeitsleistung eines Mitarbeiters mitbedacht werden.

Bewertungskriterium: Akquise
Neue Mandanten werden längst nicht mehr nur durch die Berufsträger akquiriert. Vielmehr agieren engagierte Mitarbeiter, die ihre Mandanten kompetent und zuvorkommend beraten, häufig unbewusst als Marken-Botschaften der Kanzlei und gewinnen auf diese Weise einen Großteil der Neu-Mandate. Nach meiner Erfahrung fühlen sich beispielsweise gerade jüngere Mandanten, wie zum Beispiel Gründer, häufig von den gleichaltrigen Mitarbeitern angesprochen und mit ihrem Geschäftskonzept sowie in ihrer Geisteshaltung richtig verstanden. Als Kanzleiinhaber unterstütze ich diese Allianzen mit Wohlwollen und versuche auf keinen Fall, mich mit einer womöglich „auf Jugendlichkeit getrimmter" Wortwahl dazwischen zu schieben.

Um dieses Bewertungskriterium nutzen zu können, sollten Sie neue Mandanten fragen, wie diese zu ihnen gefunden haben. Häufig wird die Empfehlung eines anderen Mandanten, der Hinweis auf die Internetseite oder der Name eines Mitarbeiters genannt, wobei letzteres im Sinne dieses Kriteriums und als Akquiseleistung betrachtet werden sollte. Neben der Neugewinnung von Mandanten stellt jedoch die Zufriedenstellung und Bindung bisheriger Mandanten mithilfe einer kompetenten Beratung einen gleichrangigen Verdienst dar, der gleichermaßen honoriert werden sollte.

Bewertungskriterium: Unterordnung von Privatinteressen
Gelegentlich kollidieren die privaten Interessen des Mitarbeiters mit den Unternehmenszielen. In diesem hochsensiblen Bereich ist von dem Kanzleiinhaber ein

hohes Maß an Fingerspitzengefühl gefordert, denn wer als Führender jeden Arztbesuch während der Arbeitszeit oder jedes kurze Privatgespräch streng verbietet,
darf umgekehrt kein uneingeschränktes Engagement bei Mehrarbeit oder Überstunden erwarten. Wenn Mitarbeiter daher ihre privaten Belange mit optimalen
Arbeitsergebnissen in Einklang bringen, sollte dies positiv bewertet werden.

Bewertungskriterium: Verbesserung des Erscheinungsbilds der Kanzlei

Das Erscheinungsbild der Kanzlei ist ein wichtiger Bestandteil der Corpo-
rate Identity (CI) und trägt wesentlich zum Erfolg der Kanzlei bei. Zu dem
Erscheinungsbild in diesem Sinne zählt die Architektur und Innengestaltung des
Firmengebäudes, gepflegte Kleidung und zuvorkommendes Auftreten aller Mitarbeiter, die Geschäftsausstattung wie Briefpapier, Bilanzberichte, Werbemittel
sowie die Internetseite und der Kanzlei-Auftritt in sozialen Netzwerken. Engagieren sich die Mitarbeiter, das Erscheinungsbild der Kanzlei positiv zu gestalten
und/oder diesen Eindruck zu bewahren, sollte dies im Rahmen der Gesamt-
bewertung berücksichtigt werden.

Weitere Bewertungskriterien

Wie bereits zuvor ausgeführt, handelt es sich bei dem oben dargestellten Katalog von Bewertungskriterien nur um Vorschläge, zudem ist die Liste keinesfalls
abschließend. Um die eigene Betriebsphilosophie und inhaltliche Ausrichtung der
Kanzlei in das Bewertungssystem zu verankern, ist es ratsam, einige (beispielsweise fünf) eigene Kriterien zu entwickeln und in das Bewertungssystem mitauf-
zunehmen. Hierbei sollten man jedoch nicht zu detailorientiert vorgehen, finden
Sie stattdessen ein gutes Maß zwischen dem gewünschten Zielverhalten und der
Verständlichkeit und Einfachheit des zugrunde liegenden Aussagewerts Ihres
Bewertungskriteriums.

10.9 Gewichtung

Nicht alle Kriterien sind für die Kanzlei gleichermaßen bedeutungsvoll, daher
müssen sie ihrer Wichtigkeit entsprechend gewichtet werden. Dieser Gewichtung
geht die Überlegung voraus, welche Handlungsweisen für den Erfolg der Kanzlei
und der Unternehmensphilosophie entsprechend besonders wünschenswert sind.

Ein Beispiel für die Gewichtung der Bewertungskriterien finden Sie in
Tab. 10.1.

Tab. 10.1 Gewichtung der Kriterien

Kriterium	Gewichtung
Fortbildung	2
Fachliche Kompetenz	4
Innovationskraft	2
Abwesenheiten	1
Umsatz	4
Soziale Kompetenzen	4
Effizienz und Effektivität	1
QM-System	1
Akquise	1
Unterordnung Privatinteressen	1
Erscheinungsbild	4

10.10   Exkurs: Fallbeispiel: Drei Kanzlei-Mitarbeiter

Um die Bewertungskriterien etwas genauer zu beleuchten, wird hier ein fiktives Fallbeispiel dargestellt. In einer Beispielskanzlei sind drei Angestellte (siehe Abb. 10.1) beschäftigt: Lisa Blumenstil (43), Steuerberaterin, Steuerfachwirt Kai Haase (32) und Steuerfachangestellte Lydia Peters (24). In den folgenden Abschnitten finden Sie zu jedem Teammitglied eine Beschreibung der jeweiligen Verhaltensweisen und die numerische Bewertung im Rahmen des Vergütungssystems.

Lena Blumenstiel   Kai Haase   Lydia Peters

Abb. 10.1   Drei Mitarbeiter einer Kanzlei

Abb. 10.2 Lena
Blumenstil

Bewertungsprofil: Lena Blumenstil (43), Steuerberaterin, Jahresgehalt: 48.000 EUR
Fortbildung: Lena Blumenstil (siehe Abb. 10.2) bildete sich zwar regelmäßig fort, neigte aber zu starker Ungeduld, wenn Sie ihr Wissen an andere weitergeben sollte. Fachliche Kompetenz: Fachlich bewältigte sie ihre Alltagsaufgaben zwar problemlos, doch sie zeigte wenig Engagement, sich in neue Steuerrechtsgebiete einzuarbeiten. Innovationskraft: Das neue Zeiterfassungssystem hat sie aus stillem Protest erst mit erheblicher Verzögerung verwendet. Auch anderen Innovationsvorhaben der Kanzlei entzog sie sich, soweit es ging, da sie Neuerungen jeglicher Art nicht schätzt. Abwesenheiten: Abwesenheiten gab es in dem Jahr nicht. Umsatz: Auch in diesem Jahr hat sie einen exzellenten Netto-Jahresumsatz erzielt, der der 2,5-fachen Höhe ihres Jahresgehalts entsprach. Soziale Kompetenzen: Ihr Kontakt gegenüber anderen Mitarbeitern war vorwiegend von Misstrauen geprägt, häufig begegnete sie unterstellten Mitarbeitern zudem mit einer gewissen Herablassung. Effektivität und Effizienz: Trotz ihrer unbestrittenen Fachkompetenz war ihre Arbeitsweise häufig unstrukturiert. QM-System: Das QM-System wendete Frau Blumenstil nur nach ausdrücklicher Aufforderung an. Akquise: Manche Mandanten schätzten zwar Frau Blumenstils

Tab. 10.2 Bewertungspunkte Lena Blumenstil

Kriterium	Punkte	Gewichtung	Gewichtete Punkte
Fortbildung	6	2	12
Fachliche Kompetenz	4	4	16
Innovationskraft	0	2	0
Abwesenheiten	10	1	10
Umsatz	10	4	40
Soziale Kompetenzen	2	4	8
Effizienz und Effektivität	4	1	4
QM-System	0	1	0
Akquise	2	1	2
Unterordnung Privatinteressen	8	1	8
Erscheinungsbild	0	4	0
Gesamt			**100**

direktes Wesen, doch andere empfanden sie als etwas schroff und abweisend. Neumandate sind nicht auf sie zurückgegangen. Unterordnung von Privatinteressen: Privates erledigte sie grundsätzlich nicht in der Kanzlei. Da sie sehr umsatzorientiert agierte, übernahm sie gerne zusätzliche Mandate. Erscheinungsbild der Kanzlei: Für das Erscheinungsbild der Kanzlei hatte sie weder ein Auge noch ein Interesse.

In Tab. 10.2 finden Sie die Bewertungspunkte von Lena Blumenstil.

Kai Haase (32), Steuerfachwirt, Jahresgehalt: 36.000 EUR
Fortbildung: Kai Haase (siehe Abb. 10.3) zeigte stets ein großes Interesse an Fortbildungen. Sein Fachgebiet ist Steuerrecht für Vereine und gemeinnützige Institutionen. Fachliche Kompetenz: Seine fachliche Kompetenz ist ausgezeichnet. Seine Kollegen schätzen an ihm, dass er gerne Wissen weitergibt und leicht verständlich erklärt. Innovationskraft: Neue Innovationsvorhaben – egal ob das neue QM- oder das neue Zeiterfassungssystem – trieb Herr Haase zügig mit voran und half Kollegen, sich mit den Neuerungen besser zurecht zu finden. Abwesenheiten: Für einen Surf-Kurztrip nahm Herr Haase vier Tage unbezahlten Urlaub. Umsatz: Im Jahr erwirtschaftete er einen Netto- Umsatz, der etwa der 2,0-fachen Höhe seines Gehalts entsprach. Soziale Kompetenzen: Herr Haase ist bei den Mandanten und den Kollegen sehr beliebt. Er war stets um eine positive Stimmung bemüht, zeigte sich äußerst hilfsbereit, empathisch und als ein guter Zuhörer. Effektivität und Effizienz: Herr Haase ist sehr technikaffin. Er nutzte Automatisierungsprozesse und digitale Unterstützung, um seine Aufgaben zügig zu erledigen, allerdings war er etwas zerstreut und unkonzentriert, wodurch sich gelegentlich zeitraubende, kleine Schnitzer in seine Arbeitsabläufe einschlichen. QM-System: Das QM-System wurde durch ihn implementiert, doch aufgrund seiner Zerstreutheit vergaß er manchmal, dieses zu nutzen. Akquise: Durch seine einnehmende Art ist Herr Haase bei den Mandanten sehr beliebt, neue Mandanten gab es aufgrund von seiner Arbeit dieses Jahr allerdings nicht. Unterordnung von Privatinteressen: Herr Haase pflegt privat viele Hobbys; aufgrund seiner vielen Termine stand er für Überstunden in der Regel nicht zur Verfügung. Während des Tages war er jedoch bereit, seine Mittagspause für zusätzliche Aufgaben zu „opfern". Erscheinungsbild der Kanzlei: Herr Haase pflegte die Website und den Social-Media-Auftritt der Kanzlei, wobei er viel Engagement zeigte.

In Tab. 10.3 finden Sie die Bewertungspunkte von Kai Haase.

Abb. 10.3 Kai Haase

Tab. 10.3 Bewertungspunkte Kai Haase

Kriterium	Punkte	Gewichtung	Gewichtete Punkte
Fortbildung	8	2	16
Fachliche Kompetenz	9	4	36
Innovationskraft	10	2	20
Abwesenheiten	4	1	4
Umsatz	4	4	16
Soziale Kompetenzen	8	4	32
Effizienz und Effektivität	6	1	6
QM-System	8	1	8
Akquise	4	1	4
Unterordnung Privatinteressen	2	1	2
Erscheinungsbild	7	4	28
Gesamt			**172**

Abb. 10.4 Lydia Peters

Lydia Peters (24), Steuerfachangestellte, Jahresgehalt: 30.000 EUR
Fortbildung: Lydia Peters (siehe Abb. 10.4) schätzte Online-Kurse, die sie im Büro
absolvieren konnte. Andere Fortbildungsangebote nahm sie nur auf Drängen des Kanzleiinhabers wahr. Fachliche Kompetenz: Ihre fachlichen Kenntnisse sind solide, ihr Steck-
pferd ist die EDV. Innovationskraft: Hinsichtlich neuer Innovationsvorhaben engagierte
sich Frau Peters für die Software-Seite der Projekte und zeigte auf diesem Gebiet Wiss-
begierde, für alle anderen Aspekte offenbarte sie jedoch deutlich weniger Interesse.
Abwesenheiten: In diesem Jahr nahm sie sich zwei Tage unbezahlten Urlaub für ihre Ver-
lobungsfeier. Umsatz: Da sie recht zielstrebig arbeitet, erzielte sie in diesem Jahr einen
Umsatz in der 2,1-fachen Höhe ihres Jahresgehalts. Soziale Kompetenzen: Aufgrund ihrer
charmanten Art ist Frau Peters bei den Mandanten sehr beliebt. Zwar ist sie grundsätzlich
sehr kontaktfreudig, doch im Kontakt mit den Kollegen reagierte sie oft sehr impulsiv,
was Konflikte – häufig mit Lena Blumenstil – auslöste. Effektivität und Effizienz: Ihre
Arbeitsweise erfolgte zielführend. Sie verwendete souverän alle Hilfsmittel und stimmte
gemeinsame Prozesse sehr gut ab. QM-System: Frau Peters nutzte das QM-System zwar,
zeigte aber kein Interesse, dieses mit weiter zu entwickeln. Akquise: Aufgrund ihres
einnehmenden Wesens und daraus resultierenden Empfehlungen sind einige Neu-Mandate
entstanden. Unterordnung von Privatinteressen: Frau Peters neigte gelegentlich dazu, im
Büro Privatgespräche zu führen, war aber zu Überstunden bereit, sobald sich der Bedarf
ergab. Erscheinungsbild der Kanzlei: Sie hat ein ausgeprägtes Auge für alles Visuelle. Das

Firmenpapier wurde auf ihr Anraten einer Modernisierung unterzogen, zudem betreute sie alle Blumenarrangements der Kanzlei.

In Tab. 10.4 finden Sie die Bewertungspunkte von Lydia Peters.

Die Zusammenstellung der Gesamtzahl aller **gewichteten Punkte** der drei Mitarbeiter finden Sie in Tab. 10.5.

Tab. 10.4   Bewertungspunkte Lydia Peters

Kriterium	Punkte	Gewichtung	Gewichtete Punkte
Fortbildung	4	2	8
Fachliche Kompetenz	5	4	20
Innovationskraft	6	2	12
Abwesenheiten	8	1	8
Umsatz	6	4	24
Soziale Kompetenzen	4	4	16
Effizienz und Effektivität	8	1	8
QM-System	6	1	6
Akquise	6	1	6
Unterordnung Privatinteressen	4	1	4
Erscheinungsbild	8	4	32
Gesamt			**144**

Tab. 10.5   Die gewichteten Bewertungspunkte der drei Mitarbeiter

Kriterium	Blumenstil	Haase	Peters	Gesamt
Fortbildung	12	16	8	
Fachliche Kompetenz	16	36	20	
Innovationskraft	0	20	12	
Abwesenheiten	10	4	8	
Umsatz	40	16	24	
Soziale Kompetenzen	8	32	16	
Effizienz und Effektivität	4	6	8	
QM-System	0	8	6	
Akquise	2	4	6	
Unterordnung Privatinteressen	8	2	4	
Erscheinungsbild	0	28	32	
Gesamt	**100**	**172**	**144**	**416**

Tab. 10.6 Verteilung des Gewinntopfs

Kriterium	Blumenstil	Haase	Peters	Gesamt
Gewichtete Punkte	100	172	144	416
	24,04 %	41,35 %	34,61 %	100 %
Jahresgehalt in EUR	48.000	36.000	30.000	114.000
	42,11 %	31,58 %	26,31 %	100 %
Mittel der Verhältnisse aus Punkten und Gehalt	33,07 %	36,46 %	30,47 %	10.000
Sonderzahlungen in EUR	**3307**	**3646**	**3047**	**10.000**

10.11 Berechnung der Verteilung des „Gewinntopfs"

Angenommen der Inhaber der fiktiven Kanzlei aus dem obigen Beispiel hat einen Gewinntopf von 10.000 EUR für die Auszahlung der Sonderzahlungen festgelegt. Dieser wird nun entsprechend der Punkteverteilung unter den Mitarbeitern zwischen den Mitarbeitern Blumenstil, Haase und Peters verteilt.

Die Verteilung der Boni erfolgt in diesem Fall folgendermaßen, wie Sie Tab. 10.6 entnehmen können.

10.12 Implementierung des Vergütungssystems

Für die Einführung eines neuen Vergütungssystems bietet sich der Jahreswechsel an, da Sonderzahlungen in der Regel am Ende des Jahres berechnet und vergeben werden. Ob und in welcher Form eine Sondervergütung stattfindet, ist eine Entscheidung, die dem Kanzleiinhaber obliegt. Ein Rechtsanspruch der Mitarbeiter auf Sondervergütung besteht – mit Ausnahme der in Abschn. 10.12 beschriebenen Fälle – nicht.

Damit das neue Vergütungssystem seine positive Wirkung entfalten kann, ist eine gute Informationspolitik der Führenden notwendig. Kommunizieren Sie den neuen Prozess gründlich und überzeugen Sie Ihre Mitarbeiter von den Vorteilen des Systems. Eine gewisse Anfangsskepsis bei manchen ist zu erwarten und sollte nicht überbewertet werden. Die Befürworter spielen hier eine wichtige Rolle, um die „Zögernden" in diesem Prozess zu begleiten und „mitzunehmen". Sind die Hierarchien in einer Kanzlei flach gestaltet, umso leichter gelingt in der Regel die Umstellung.

Nach dem ersten Kalender- und Beobachtungsjahr erfolgen die ersten auf diesem System basierenden Sonderauszahlungen am Ende dieses Jahres.

Sofern der Gewinntopf gewinn- oder umsatzabhängig eingerichtet wird, wird die Bemessungsgrundlage erst im Folgejahr endgültig festgelegt. Zu diesem Zeitpunkt empfiehlt es sich, auf Grundlage der betriebswirtschaftlichen Auswertungen Abschlagszahlungen abzurechnen und die finale Feinabstimmung auf Basis der endgültigen Zahlen vorzunehmen.

Ist das Vergütungssystem einmal implementiert, sollte es dennoch jedes Jahr erneut auf den Prüfstand gestellt werden, um beispielsweise eventuelle Nachjustierungen vorzunehmen. Eine aufmerksame Analyse der Ergebnisse und Nachjustierung des neuen Systems erlaubt Ihnen die präzise Steuerung der Anreize für Ihre Mitarbeiter und somit für den Erfolgskurs Ihrer Kanzlei.

10.13 Rechtliche Hinweise

Die nach diesem Vergütungsprinzip erworbene Sonderzahlung ist arbeitsrechtlich als Bonuszahlung zu betrachten, die zusätzlich zum vertraglich geschuldeten Arbeitslohn bezahlt wird. Diese Bonuszahlung enthält im Gegensatz zur Gratifikation einen Leistungsbezug. Eine gesetzliche Grundlage zur Zahlung dieses Bonus existiert nicht. Wurde die Bonuszahlung im Arbeitsvertrag vereinbart oder eine entsprechende Betriebsvereinbarung getroffen, besteht ein vertraglicher Anspruch des Mitarbeiters. Darüber hinaus kann ein rechtlicher Anspruch des Mitarbeiters aufgrund von sogenannter betrieblicher Übung entstehen. Nach Rechtsprechung des BAG entsteht ein Rechtsanspruch des Mitarbeiters, wenn in drei aufeinanderfolgenden Jahren vorbehaltlos jeweils gleichartige Zahlungen an den Arbeitnehmer gezahlt wurden. Dies gilt auch dann, wenn einer oder wenige Mitarbeiter von der Zahlung ohne tragenden Grund ausgenommen sind, da das Gericht in diesem Fall eine sachlich nicht begründete oder willkürliche Ungleichbehandlung erkannt hat.

Um das Entstehen eines Rechtsanspruchs zu vermeiden, haben manche Kanzleiinhaber in den Arbeitsverträgen Freiwilligkeitsvorbehalte und/oder Widerrufsvorbehalte aufgenommen oder diese bei der Auszahlung den Mitarbeitern mitgeteilt. Hierbei ist jedoch zu beachten, dass der BAG die Kombination von Freiwilligkeits- und Widerrufsvorbehalt als unzulässig verworfen hat. Grundsätzlich unterliegen Widerrufs- oder Freiwilligkeitsvorbehalte einer strengen Prüfung, sodass bei der Formulierung dieser Vorbehalte die fachkompetente Beratung eines Anwalts zu empfehlen ist.

Vorsicht ist auch bei Stichtagsklauseln und Rückzahlungsklauseln geboten, da diese die Auszahlung der Sonderzahlung davon abhängig gemacht, ob das Arbeitsverhältnis zum Auszahlungszeitpunkt noch besteht oder nicht gekündigt ist. Rückzahlungsklauseln sehen eine (anteilige) Rückzahlungspflicht vor, wenn der Arbeitnehmer nach Auszahlung einer Sonderzahlung aus von ihm zu vertretenden Gründen das Arbeitsverhältnis beendet. Da die in diesem Vergütungsmodell beschriebene Sonderzahlung sich auf bereits erbrachte Leistungen bezieht, sind Stichtags- und Rückzahlungsklauseln in der Regel unzulässig.

10.14 Zwischenfazit

Das in diesem Kapitel vorgestellt „Siegel'sche" Vergütungsmodell erlaubt Ihnen, die inhaltliche Ausrichtung Ihrer Kanzlei und die eigene Betriebsphilosophie in ein Vergütungssystem zu transformieren und somit für die gewünschten Arbeits- und Verhaltensweisen Ihrer Mitarbeiter die entsprechenden Anreize zu schaffen.

Nach fast vierjähriger Erfahrung hat meine Kanzlei von dem leistungsbezogenen, holistischen Vergütungssystem stark profitiert. Nicht nur wirkt sich dieses positiv auf die Motivation der Mitarbeiter aus und steigert die Identifikation mit dem Unternehmen sowie das Selbstvertrauen der Angestellten, sondern vor allem hat es die Betriebsatmosphäre und unsere Lebensqualität in der Kanzlei nachhaltig verbessert.

Fazit und Ausblick

Der digitale Wandel bewirkt tief greifende Veränderungen in der Steuerberaterbranche. Die Arbeitstaktung wird immer schneller und ein Großteil der bisherigen Aufgaben wie beispielsweise das Erfassen von Belegen oder das Reporting werden durch automatische Vorgänge ersetzt. Angesichts der Entscheidung der deutschen Finanzverwaltung zur Digitalisierung und zum E-Government müssen viele Steuerberater in der Zukunft Flexibilität und Innovationskraft beweisen und sich neue Geschäftsfelder erschließen. Zudem ist die Bindung der Mandanten an den Steuerberater grundsätzlich „wackliger" geworden. Früher blieb man als Unternehmer oder als einzelner Berufstätiger ein ganzes Arbeitsleben bei einem Steuerberater – diese Zeiten sind vorbei. Gerade jüngere Unternehmer wechseln häufig nach einer Dauer von etwa zwei Jahren, um zu erfahren, ob ihnen die Beratung und der Service einer anderen Kanzlei vielleicht besser zusagen. Dass der neue Steuerberater sich erneut einarbeiten muss, nimmt man hierfür in Kauf. Der Trend geht zum „Ausprobieren", ohne sich allzu sehr festzulegen.

Dies trifft viele Berufsträger hart und unerwartet. Viele Jahre lang galt die Branche als krisenfest und lukrativ, nun kann es sein, dass es für manche Kanzleien gerade in Stadtnähe aufgrund der hohen Kostenstruktur und wegfallender Mandate plötzlich eng wird. Diese Veränderungen kann man beweinen oder man kann sie als Herausforderung begreifen, die es zu bewältigen gilt.

Gerade in der Steuerberatung ergeben sich durch die Digitalisierung enorme neue Chancen. Mithilfe von integrierten, digitalen Prozessen für die Finanzbuchführung, Lohnabrechnung und bei der Erstellung von Steuererklärungen und Jahresabschlüssen können Sie die Effizienz Ihrer Kanzlei enorm steigern und auf diese Weise neue Ressourcen für andere Leistungen freilegen – beispielsweise auf dem Gebiet des internationalen Steuerrechts, in der betriebswirtschaftlichen Beratung oder der Gründungsberatung. Um diese neuen Potenziale nutzen zu können, benötigen Sie jedoch die vollständige Unterstützung Ihres Teams.

© Springer Fachmedien Wiesbaden GmbH, ein Teil von Springer Nature 2018 137
T. Siegel, *Mitarbeitergespräche in Steuerkanzleien,*
https://doi.org/10.1007/978-3-658-21875-1_11

Ein gutes Betriebsklima, hoch motivierte Mitarbeiter und ein empathisches Miteinander sind daher wesentliche Voraussetzungen für die Zukunftsfähigkeit jeder Kanzlei. Mitarbeitergespräche haben in diesem Zusammenhang eine zentrale Bedeutung, denn nur wer mit seinen Mitarbeitern ständig im offenen Gespräch ist und aktiv zuhört, kann Konflikt-, Motivations-, Förder-, Gehalts- oder Beurteilungsgespräche optimal führen.

Wer jetzt seine Kanzlei inhaltlich neu ausrichtet, den inneren Zusammenhalt der Kanzlei durch einen neuen empathischen, motivierenden, team- und mitarbeiterorientierten Führungs- und Kommunikationsstil stärkt und mit einem gerechten, holistischen Vergütungssystem flankiert, wird nicht nur die zukünftigen Herausforderungen problemlos meistern und den Erfolg der eigenen Kanzlei steigern, sondern zudem deutlich an mehr Lebensqualität gewinnen.

Nach der Lektüre dieses Buchs haben Sie nun ein umfassendes Wissen zur Hand und es obliegt Ihnen zu entscheiden, ob und wie Sie dieses in den Alltag Ihrer Kanzlei implementieren möchten. Ähnlich wie beim Aufgeben des Rauchens oder bei dem „Ab heute mehr Sport"-Vorhaben gilt: Nicht der gute Vorsatz zählt, sondern allein das Umsetzen erzielt das Ergebnis.

Falls Sie Fragen und Anregungen haben, nehmen Sie bitte gerne Kontakt mit mir auf.

Zeitfracht Medien GmbH
Ferdinand-Jühlke-Straße 7
99095 Erfurt, Deutschland
produktsicherheit@kolibri360.de